AMERICA

美国语言文化
政 策 研 究

主 编·穆 杨 / 于海涛

A Study of American Policies of Language and Culture

时 事 出 版 社
北京

图书在版编目（CIP）数据

美国语言文化政策研究／穆杨，于海涛主编．—北京：时事出版社，2021.12

ISBN 978-7-5195-0449-6

Ⅰ.①美…　Ⅱ.①穆…②于…　Ⅲ.①文化语言学—研究—美国　Ⅳ.①H0-05

中国版本图书馆 CIP 数据核字（2021）第 245227 号

出版发行：时事出版社
地　　址：北京市海淀区彰化路 138 号西荣阁 B 座 G2 层
邮　　编：100097
发行热线：（010）88869831　88869832
传　　真：（010）88869875
电子邮箱：shishichubanshe@sina.com
网　　址：www.shishishe.com
印　　刷：北京良义印刷科技有限公司

开本：787×1092　1/16　印张：9.75　字数：165 千字
2021 年 12 月第 1 版　2021 年 12 月第 1 次印刷
定价：78.00 元
（如有印装质量问题，请与本社发行部联系调换）

主　编：穆　杨　于海涛
副主编：杨　宁　朱荣杰　李　越　岳晶晶
编　者：胡　俊　王丽虹　刘惠华　吴　毅
孙昊宇　谭佳琳

本论文集是教育部国别和区域研究课题“美国政治文化研究——白人至上主义及民族问题对美国当前政策的影响”“美国语言政策研究——奥巴马和特朗普执政期的新走向”，北京语言大学非实体研究机构支持计划项目“美国语言文化政策研究”（17XTS20）的阶段性成果。

preface

前言

2017 年北京语言大学美国加拿大研究中心成立。中心研究人员的学术背景以外国语言学及应用语言学、英语语言文学、翻译学，美国社会文化研究等为主。大家在美国的历史、种族、语言、文化研究方面有一定的积淀，且多数曾在美国访学、工作或任孔院中方院长。美国研究，或广义而言的北美研究，是国内国别和区域研究中的显学，中心依据成员的专长确定了语言文化研究的方向，以期使研究更为精专，为其他方向美国研究提供借鉴。

中心成立同年，在教育部国别和区域研究项目和北京语言大学非实体研究机构支持计划项目的支持下，开始了“美国政治文化研究——白人至上主义及民族问题对美国当前政策的影响”和“美国语言政策研究——奥巴马和特朗普执政期的新走向”两个课题的研究。本论文集就是上述族裔问题、语言政策两个方向课题的研究成果汇总。

美国作为多种族移民国家，族裔问题是其语言文化政策的基础和底色。或者说，要深入理解美国的语言文化政策，就务必要了解其族裔的历史和现状。因此，论文集分为上下两篇，上篇为美国族裔状况，包括美国极端组织的发展及变化、美国非裔的历史及现状、美国亚裔的历史与现状、美国拉丁裔的历史与现状、美国犹太裔的历史与现状、美国印第安人族裔的历史与现状等六个章节；下篇为美国语言政策，包括美国前沿语言政策研究、奥巴马执政时期的语言政策成果、特朗普执政期的美国语言政策研究、美国孔子学院关停危机分析四个章节。

可以说，美国语言文化政策根植于“白种人盎格鲁－萨克逊清教文化”，尤为值得注意的是，近年美国右倾势力抬头，白人至上主义、排外主义、孤立主义不断加强，美国的族裔状况对其未来语言文化政策影响将日益增大。

另外，美国语言文化政策以维护美国国家安全，增强美国全球竞争力为战略目的。中国应建立相应语言文化安全预警机制，在各个层次的英语教学中融入中国文化内容，并在美国的外语政策中寻求中文和中国文化教育的空间，积极寻求语言文化的交流途径，促进世界和平发展，促进人类命运共同体构建。

穆杨

于北京语言大学

2021 年 10 月

contents

目录

上篇

美国族裔状况

美国极端组织的发展及变化

谭佳琳*

通常来说，凡是涉及危害国家安全，以反社会、反人类、反科学为思想根源所形成的团体，以及专门策划并实施恐怖活动的组织，均可以被定义为极端组织。它们因持有相同或类似的极端观点而聚集到一起，以宗教、种族等为幌子，以煽动民族仇恨或实行专制恐怖统治为手段，从而达到预期的政治目的。这些组织拥有极强的破坏力，它们渗透到密集的人群中，一旦时机成熟，就制造暴力恐怖事件。它们不惜一切代价采取极端手段来威胁公众或政治领导团体，以此增加社会舆论负能量，借而提高自身影响力。

从早期的白人种族主义团体到现如今远近闻名的三K党，极端主义几乎伴随了美国社会整个的发展历程。近年来，美国极端组织的数量显著增加，接踵而来的便是数千起仇恨犯罪和极端事件，大量无辜人民因此受害，伤亡惨重。在本章中，作者将主要介绍美国极端组织的发展及变化，并就活跃在美国的部分极端组织进行简要介绍及发展分析。

一、美国极端组织的产生背景

（一）长期原因——早期历史因素及多文明冲突

毗邻广阔的大西洋和太平洋使得美国拥有独一无二的地理优越性，成

* 谭佳琳，北京外国语大学专职辅导员、北京外国语大学匠“歆”学生发展研究工作室主持人，北京语言大学美国加拿大研究中心（教育部备案）研究人员。

为多种文化和文明交织的国家。美国也是世界上最大的移民国家。在殖民地时期，来自西班牙、法国、荷兰、瑞典、英国及其他各国的人们构成早期美国的移民人口。而后，贩卖非洲黑人也扩大了美国移民人口的组成。部分非洲人以奴隶身份被交易的特殊性，导致非洲文化在美国发展的历史长河中处于一种被压制的状态。

美国是一个不折不扣的移民国家，一直以来倡导自由、平等的理念，但却从不缺乏极端主义。为什么美国存在如此多的极端主义组织？究其主要原因，可能与美国移民国家的特点及其隐含的种族歧视密切相关。1619年，第一批非洲黑人奴隶被贩卖到北美大陆，自此便出现歧视黑人的现象。当《独立宣言》于1776年发表时，也只有白人获得真正意义上的独立，并不包括黑人。与此同时，奴隶制在北美的13个不同殖民地仍然合法。18世纪80年代，美国奴隶的数量占到全国总人数的1/7，这样的情况一直持续到美国内战爆发。直至1862年，时任美国总统的亚伯拉罕·林肯正式发表了《解放宣言》，这才宣告了黑奴的自由。1865年1月，美利坚合众国宪法第十三条修正案正式通过，其中的第一款便明确规定了在合众国境内及受合众国管辖的任何地方，奴隶制和强制劳役行为都不得存在，但对于依法判罪的犯人受到的惩罚除外。同年12月18日，该修正案正式生效，也就是从那时起，奴隶制在美国被正式废除。然而，内战后的在美黑人仍然遭受着不平等待遇，这根源于部分白人顽固的传统种族主义思想，也为后来美国极端主义组织的出现奠定了基础。

（二）中期原因——“9·11”恐怖袭击事件

众所周知，“9·11”恐怖袭击事件是2001年9月11日发生在纽约世贸中心的一系列恐怖袭击事件。当日，两架被极端分子劫持的客机撞向世贸中心的1号和2号大楼，两座大楼在遭到袭击后轰然倒塌，其余五座建筑也因受震而遭到不同程度的破坏。紧接着，另一架被劫客机撞向美国国防部五角大楼，造成部分建筑受损和倒塌。“9·11”恐怖袭击事件造成的死亡人数高达2996人，被认为是美国历史上发生的最为严重的极端主义和恐怖袭击行动。

这一事件深刻影响了世界安全形势和反恐格局。国际社会为此花费数万亿美元并投入大量人力进行后续工作，但却并未削弱恐怖主义和极端主义的威胁势力。“9·11”恐怖袭击事件的发生为全世界人民敲响了警钟，宗教极端主义组织开始日渐浮出水面。

（三）近期原因——美国现代社会结构

近些年，为了有效改善种族关系，促进种族融合，减少种族情绪引起的极端事件，美国出台了一系列政策来照顾少数族裔或在美黑人。然而，美国的种族、宗教、极端组织等问题仍不容乐观。从广义上来讲，社会结构可以理解为经济、政治、社会等各个领域及方面的结构。而从狭义上来看，它主要是指社会学中的社会阶层结构，虽然看不见、摸不着，却对整个国家和社会的发展有极大的影响。从最开始，黑人在美国就受到一系列不平等待遇，此后的法律、习俗和传统继续强化了这种态度。例如，当一个人用“Nigger，Negro”的词汇来称呼黑人时，可能并不是有意表示侮辱，但却在词汇的使用中包含了对黑人的偏见。虽然这只是语言本身的一个例子，但从细微之处我们也能感受到现有语言、习俗、信仰等在一定程度上否定了美国少数族裔的平等，并且大多数歧视存在于潜意识中。这种歧视的存在不仅有其历史根源，而且在于现存的社会结构和制度并未将其消除。一些极端主义组织正通过歪曲种族和宗教意识形态来为自己的暴力行为辩护，并一直活跃在美国各州各地。

二、美国极端组织的总体现状概述

（一）极端组织在美国的分布现况

来自美国南方贫困法律中心（SPLC）的最新数据表明，2017 年在美国共发现954 个极端仇恨组织，其中包含72 个三 K 党团体，113 个反穆斯林团体，121 个新纳粹团体，100 个白人民族主义团体和一些其他极端组织。据统计极端仇恨组织分散在美国各州，而大多集中在东南部地区。

从历史上来看，美国的东南部地区是一个极具特点的区域。它有着十分特殊的文化和历史背景，不仅拥有早期欧洲殖民时期留下的痕迹，也是早期奴隶制的实行地和美国内战的主要发生地。内战后，美国南部地区的奴隶制随之废除。此后，南部的非洲裔美国人在重建时期拥有更多的公民权利和政治权利。然而，黑人在美国的地位并非得到真正意义上的提高。

随着重建时期的结束，一些南方白人开始阻止黑人获取政治权力。1890年后，南方的部分州和地区剥夺了非裔美国人的选举权。

早期起伏波动的黑人民权问题也在20世纪引发了两大历史事件——美国黑人大迁徙和黑人民权运动。大迁徙运动始于1916年，并且持续到1929年左右。在这次大迁徙中，有约150万黑人从南部农村迁出，他们大多在工厂中从事报酬较低的非技术性工作。而在迁入底特律、芝加哥、纽约等北部的大城市后，他们可以获得更多机会，尝试从事报酬较高的技术性工种。大迁徙也为接踵而来的一系列民权运动奠定了基础。1955年，在阿拉巴马州蒙哥马利市，美国部分黑人公民以全面罢乘来反对公车上的黑白隔离措施。1963年，华盛顿林肯纪念馆广场上聚集了约25万名群众，他们呐喊着反对种族隔离的口号，美国民权运动的领袖马丁·路德·金更是发表了举世闻名的演说《I have a dream》，使美国民权运动达到了高潮。随着民权运动的推进，美国南部地区的种族隔离法律最终被废除。然而，美国南部的种族关系仍然值得注意，这些历史问题和种族关系的曲折变化也可能是美国东南部极端组织较为密集的原因。

（二）美国极端组织造成的伤害及犯罪现况

谈及极端组织时，我们不可避免地要从其造成的社会影响角度进行考量分析，由此极端组织造成的社会伤害和犯罪也成为衡量美国极端组织发展变化的晴雨表。但美国不同机构采取的统计学方法不甚相同，因而所得数据也有所差异。笔者以美国联邦调查局（Federal Bureau of Investigation）的数据及美国国家研究所调查基金项目（Nation Institute's Investigative Fund）的官方报告作为数据支持进行简要分析。

美国国家研究所调查基金项目中的最新报告显示，从2008年初至2016年底，美国国内共发生201起极端主义事件。其中，115例由右翼极端分子制造，很大一部分为白人至上主义者；63例由伊斯兰极端分子制造；另有19起极端主义事件由左翼极端分子制造。（见图1—1）

此外，美国联邦调查局在2017年11月13日发布的官方报告中称，与2015年相比，美国的极端仇恨犯罪数量在2016年中增加了约4.6%。报告中还称，全美约11%的执法机构向联邦调查局报告了2016年处理的仇恨犯罪案件数量，共计6121起，受害者超过7500人。其中，将近60%

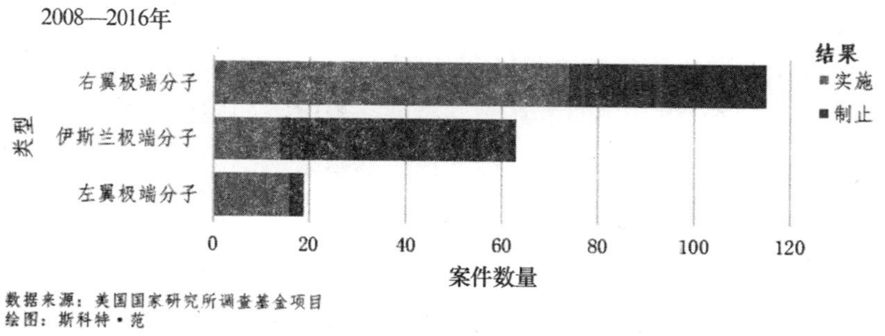

图 1—1　2008—2016 年美国国内极端主义案件数量

的案件归咎于种族歧视，一半以上的受害者是非洲裔。

从上述数据中不难看出，在美活跃的极端组织仍在持续不断地制造伤害和犯罪事件，严重影响着社会治安与稳定，也加剧了美国种族、宗教、少数民族等方面的冲突。

（三）近年来美国极端组织的发展变化

1. 极端组织数量的变化

自 1999 年以来，美国南方贫困法律中心每年都对境内的极端仇恨组织进行年度调查。图 1—2 显示了从 1999 年到 2017 年间美国极端仇恨组织的数量变化。

图 1—2　1999—2017 年美国极端仇恨组织数量变化

从大体上看，美国极端组织的数量在近年内呈上升趋势。笔者将整个图 1—2 分为三个时序阶段进行简要分析。

1999—2011 年间，美国极端组织的数量逐年上升，从最开始的 457 个跃至 1018 个，整体数量翻了两倍有余。可见，从 20 世纪起，美国极端组织日益盛行，其总体数量的不断攀升受到诸多因素的影响，如民族关系紧张、政治波动、阴谋论、种族结构变化、经济不稳定等。

2011—2014 年，美国极端仇恨组织数量急剧下降。2011 年，面对多变的国际形势和艰难的国内经济复苏现状，美国迎来反极端主义和反恐怖主义的重大转型。2011 年 5 月 1 日，时任总统奥巴马向全世界宣布，美国特种部队在一次特殊行动中击毙了极端主义分子头目本·拉登。这一重大事件表明了美国反极端主义和反恐怖主义的决心与态度。同年 9 月，美国举行了纪念“9·11”恐怖袭击事件十周年系列活动，美国民众沉痛缅怀事件遇难者，并对恐怖组织和极端组织的行为表示强烈谴责。同年 12 月，美军正式结束了在伊拉克的战斗任务。从打击海外的“基地组织”到集中精力防止美国境内的极端主义事件，无一不标志着美国反极端主义和反恐怖主义进入一个新的阶段。以上均可能是导致极端仇恨组织从 2011 年开始急剧下降的因素。

而下一个时间转折点则出现在 2014 年，极端仇恨组织的数量再次开始缓慢上升。美国南方贫困法律中心提供的具体统计数据显示，2017 年，极端仇恨组织的数量从前一年的 917 个上升至 954 个。随着白人至上主义的兴起和宣扬，新纳粹组织数量较前一年飙升了 22%。反穆斯林组织连续第三年出现上升趋势。笔者分析，极端组织数量回升的主要原因可能与目前全球化发展的瓶颈期有关。以美国为代表的发达移民国家日渐面临一些同移民、少数族裔相关的矛盾冲突。部分家庭背景较为保守的美国白人开始责怪少数族裔或移民者抢占了过多的社会资源和工作岗位，这也使得部分极端主义组织开始发酵酝酿社会冲突。

可见，美国极端组织的数量与其国内政策、军事战略、经济状况以及国际关系、政局变动等诸多因素密切相关。而依照近年来的发展趋势，美国境内极端组织的总体数量仍有逐年攀升之势，其带来的社会影响仍不可小觑。

2. 美国极端组织造成的伤害及犯罪事件变化分析

每年，在美国境内发生的各类极端事件造成多人伤亡，美国反诽谤联盟发布的一份最新报告提供了近 10 年来美国极端组织造成伤亡的具体数据。（见图 1—3）

图 1—3　2008—2017 年美国极端组织造成伤亡人数

从图中我们不难看出，在 2017 年中，美国共有 34 人因极端事件的发生而丧生，这一数字远低于 2016 年的 71 人和 2015 年的 69 人。尽管如此，2017 年的死亡人数仍在近 10 年中处于第四高的位置。而这一年死亡人数显著低于前两年的主要原因是当年并未发生大规模的极端枪击事件。2016 年，极端分子在佛罗里达州奥兰多脉冲夜总会向人们开枪，随后劫持了人质。这起枪击案共造成 49 人死亡，53 人受伤。而在 2015 年，白人至上主义者和伊斯兰极端分子共参与三起严重枪击事件，造成 28 人死亡。表 1—1 中列出了美国极端主义造成死亡人数最高的五起事件。

表 1—1　2008—2017 年美国境内不同类型极端主义造成死亡人数比例

美国境内的谋杀与极端主义

美国国内极端分子杀人事件最严重的五年（1970-2017）

年份	死亡人数	重大事件（死亡人数大于等于5）
1995	184	俄克拉荷马爆炸案（168人死亡）
2016	69	奥兰多枪击案（49人死亡）
2015	65	圣贝纳迪诺、查塔努加、查尔斯顿枪击案（共28人死亡）
2009	46	胡德堡枪击案（13人死亡）
2017	34	纽约市自行车道车祸致死案（8人死亡）

注：1970-1980年间的数据不太准确，此期间美国极端主义造成的死亡人数可能被低估　　数据来源：美国反诽谤联盟

据不完全统计，2015 年、2016 年、2017 年这三年均出现在美国极端分子杀戮总数前五名的排行榜中。这间接地表明近年来极端主义组织十分活跃，不仅对美国国家安全造成深度破坏，更导致无辜人民的严重伤亡。值得注意的是，这里描述的死亡人数是在美国极端主义暴力和犯罪中的死亡人数，可能还有更多的人遭受不同程度的伤害。

除了对每年极端主义造成的案件数量和死亡人数进行比较分析外，笔者也在数据中找到不同类型极端主义的纵向数据进行对比分析。（见图 1—4）。

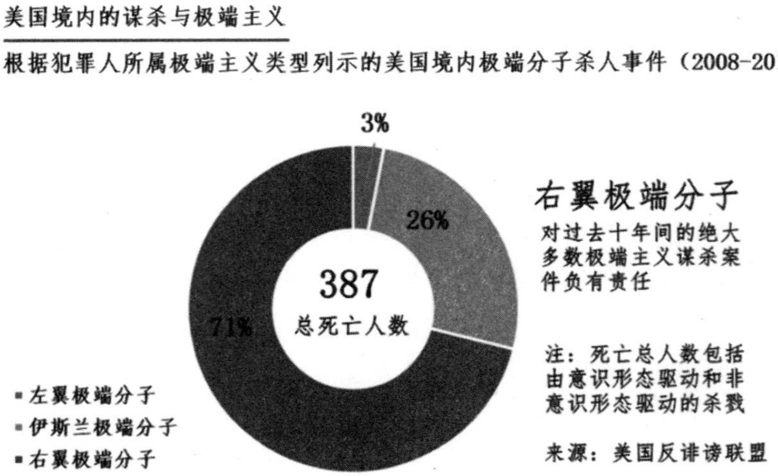

图 1—4　2000—2017 年三 K 党团体数量变化

2008—2017 年，美国境内极端分子共造成至少 387 人死亡，其中 274 起（71%）是各种右翼极端分子所为。例如，2017 年 6 月，一名 66 岁的白人男子在晨练棒球时枪杀了一名共和党国会议员，并导致数人重伤。两个月后的 8 月，俄亥俄州一名 20 岁的白人纳粹支持者驾车撞向一群反种族主义人士，造成 1 人死亡，至少 19 人受伤。纵观美国历史，还有诸多类似的事件。在美国内战后的 100 多年里，为了尽可能维持对南方地区的控制，部分白人组织实施暴力袭击，导致多人遇难，尤其是黑人。除右翼极端分子外，在过去 10 多年中，另有 26% 的死亡是因伊斯兰极端分子引起，剩余 3% 则是由左翼极端主义者造成的。

三、美国部分极端主义组织的发展变化分析

(一) 三K党

1. 基本介绍

三K党是美国一个奉行白人至上主义和歧视有色族裔主义运动的团体，也是美国种族主义的代表性组织之一。在美国历史上，三K党经历了三个截然不同的时期，虽各自有所区别，但都持有极端主义的立场，如白人至上主义、反移民等，特别是在后期的迭代中，三K党还主张北欧主义和反天主教等。

三K党由南北战争中战败的邦联军队退伍老兵于1866年建立。在发展初期，该组织致力于恢复民主党在南方的势力，并反对改善黑人奴隶待遇的相关政策。为达到目的，其经常采取暴力手段，如在夜里闯入黑人住宅抢走枪支等。而后，该组织经历了重组与变革，但并未改变的是，其成员仍会对所反对的团体或个人进行攻击甚至谋杀，正因如此三K党一直被认为是右翼极端组织。

2. 发展及变化过程

三K党在历史舞台上共出现过三次运动高潮。其最初一代在19世纪60年代末于美国南部兴盛，但持续时间较短，到70年代初便消亡了。在美国南部重建时期，三K党成员试图推翻南部的共和党州政府。激进派的重建政策，尤其是把废除“黑人法典”、要求各州议会批准第十四条宪法修正案作为叛乱诸州重新加入联邦的必要条件，令南部白人怒不可遏。在维护自身利益的合法渠道被阻断后，南部白人选择了三K党这样的秘密种族主义攻击手段。该组织成员制作了独有的服装，通常是色彩斑斓的长袍、面具和锥形帽子，用来吓唬他人并隐藏身份。

三K党的第二次运动活跃于19世纪20年代。人们普遍认为这与电影《一个国家的诞生》(The Birth of a Nation) 有关。这部电影对黑人群体展现出赤裸裸的歧视，片中鼓吹白人至上主义，甚至赞美第一次三K党运动。这也使得部分白人在观影后认为他们的贫困是因黑人或犹太银行家造成的。第二次三K党运动继承了第一次三K党运动的暴力恐怖手段，组织的党徒们采取各种恐怖手段施暴于他们所仇视的人，犯下了罄竹难书的

累累罪行。

现如今的三 K 党则是在第三次运动后形成的，二战后，其多将注意力集中在反对民权运动上，经常采取极端手段来达到目的。2017 年，美国南部贫困法律中心监测极端主义团体，提供了从 2000 年到 2017 年间三 K 党团体数量的变化。（见图 1—5）

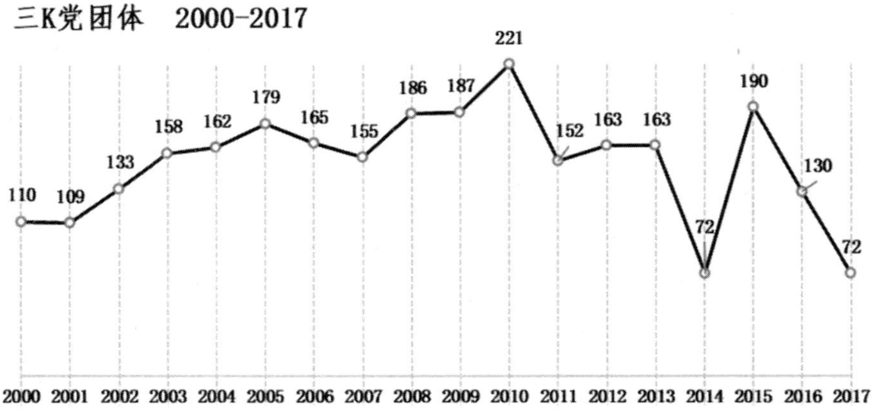

图 1—5　2003—2017 年白人民族主义团体数量变化

2000—2010 年，三 K 党的团体数量呈现整体上升趋势。而自 2011 年以来，该组织的数量除个别年份外，整体趋势处于下滑中。2017 年，活跃的三 K 党团体数量创历史新低，仅为 72 个，远低于 2016 年的 130 个。该中心估计美国有 5000—8000 名三 K 党成员，他们或使用不同名称，但经常有联合行动。

（二）新纳粹主义团体

1. 基本介绍

新纳粹主义团体是二战后出现的，主张恢复纳粹主义的极端团体。它们旨在延续纳粹精神，维护所谓的种族纯洁，强调种族优越性。在美国，有几个备受瞩目的新纳粹主义团体，如美国纳粹党、传统工人党、民族社会主义运动党等。其中，许多组织在弗吉尼亚州建立，或根植于那里。近年来，新纳粹主义团体成员活跃在美国各州，并逐步蔓延。

2. 发展及变化过程

二战结束后，纳粹运动受到严重打击，世界上大多数国家不承认纳粹在本国的政治权利，也不允许示威和集会，并对他们的运动采取镇压政策。直至20世纪70年代，美国放松了对纳粹政治权利的限制，一些美国国会议员提出“纳粹也应该享有基本的政治权利，而不是限制他们的人权”。2017年8月12日，弗吉尼亚州发生大规模、有组织的暴力事件，造成至少3人死亡，数人受伤。主要参与者便包括新纳粹党的许多分支机构，事件中有身穿白色衣服的民众直接高举纳粹的旗帜。

美国南部贫困法律中心的数据显示，2017年，新纳粹主义团体的数量较前一年增加约20%，总数达到121个。其招募途径是在游戏网站或其他媒体平台上发布信息。在美国，新纳粹主义组织仍是极端组织的重要组成部分，其发展趋势还有待观察。

（三）白人民族主义团体

1. 基本介绍

白人民族主义是指将白人看作一个种族、一个群体，寻求发展并维护他们的民族认同感。而白人民族主义团体则认为白人保持着人口的多数性，也应该在民族文化、公共生活、社会资源支配等多方面占据绝对的主导地位，甚至包括国家政治及经济方面。白人民族主义团体也普遍认同古自然保护主义（paleoconservationism）——这是旨在限制政府、限制移民、反多元文化等的一种自由主义思潮。白人民族主义团体主张白人至上主义或白人分离主义意识形态，常常把焦点放在所谓的“非白人自卑情结”上。

2. 发展及变化过程

19世纪末20世纪初是美国种族决定论和种族主义政策最盛行的时期。1882年，美国通过了第一部《排华法》，禁止给予中国公民身份、禁止华侨入境和出境。紧接着，“禁令”的目标转向韩国、日本等国的外籍人士。随着社会的不断进步和发展，逐渐放开的移民政策，以及民权法、国籍法的建立都被部分人理解为是白人被剥夺权利的先兆，即美国的白人正在被系统地取代。这也使得白人民族主义团体逐渐形成。

白人民族主义团体的数量变化与美国极端主义团体的数量变化有着较

为相似的趋势，呈现“人字形”。2003—2011 年，白人民族主义团体的数量从 92 个上升至 146 个。随着 2011 年国际局势的变化和美国政治、军事格局的变动，该团体的数量开始逐年递减，并趋于稳定，近年来维持在近 100 个。（见图 1—6）

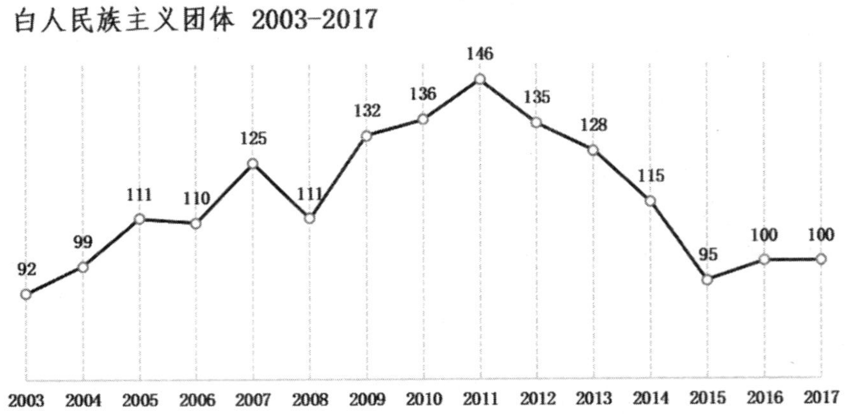

图 1—6　2010—2017 年美国反穆斯林团体数量变化

（四）反穆斯林团体

1. 基本介绍

顾名思义，反穆斯林团体是对穆斯林群体表现出极端敌意的组织。对美国而言，这是一个相对较新的极端组织，是在 2001 年“9・11”恐怖袭击事件之后才出现的。这些组织持有穆斯林社会对美国造成潜在危险的观点。“为美国而行动”（ACT）这一组织是美国目前最大的反穆斯林团体，该组织声称要捍卫美国传统价值观。

2. 发展及变化过程

在过去的几年中，美国反穆斯林团体的数量持续上升，2017 年达到迄今为止的最高点，共计 114 个。该类组织早期发展相对缓慢，自 2015 年起节节攀升，有逐年上升趋势。随着不断发展壮大，它与其他极端主义团体的联系愈加密切，其反穆斯林活动也与其他极端主义运动日益重叠。（见图 1—7）。

2017 年 6 月 10 日，美国近 30 个城市举行了反穆斯林集会或游行。在

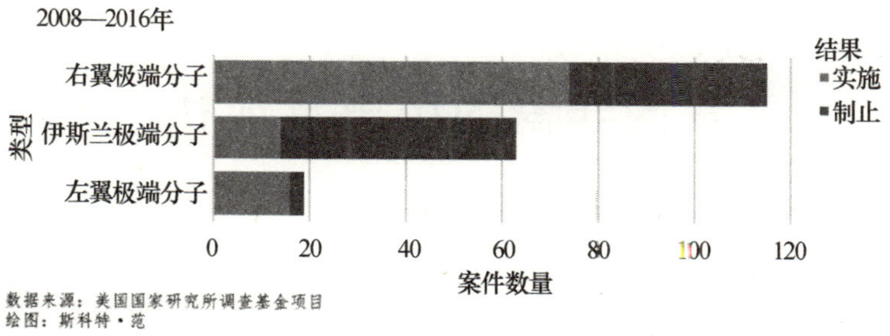

图 1—7　2008—2016 年美国国内极端主义案件数量

一些地区，示威者和反对示威者甚至发生了小规模冲突，以被警方强行阻拦收场。据《芝加哥论坛报》报道，活动中的参与者往往情绪激动，或高举着标语，或呐喊着口号。此次事件反映出美国社会中“反穆斯林”的思潮正日益蔓延，朝着波及范围广、影响加深的方向发展。

美国非裔的历史及现状

吴　毅*

非裔美国人（英文表述以 African Americans 居多，也有作 Black Americans 或 Afro - Americans）通常是指在美生活的、具有全部或者部分黑人血统的少数族裔人群。这个术语尤其特指在美的受奴役黑人的后代。

一、非裔奴役简史

非裔美国人在美国数量众多，在政治、经济、文化的发展中发挥了不可替代的作用。据美国人口普查局的统计数据显示，截至 2014 年，全美非裔人口为 4203 万，占全美人口总数的 13. 19%，是除了白人外的第一大种族①。根据数据预测，这一比例将持续扩大（见表 2—1）。

表 2—1　2014—2060 年美国人口规模及组成

年份	所有种族	白种人	黑种人	黑种人比例
2014	318748017	246939631	42038565	13. 19%
2015	321368864	248369057	42456458	13. 21%
2020	334503458	255357129	44590475	13. 33%
2025	347334912	261825450	46725484	13. 45%

* 吴毅，北京语言大学外国语学部英语学院讲师，北京语言大学研究生院副院长，北京语言大学美国加拿大研究中心（教育部备案）研究人员。

① “2014 National Population Projections Datasets”, Apr. 6, 2017, https://www.census.gov/data/datasets/2014/demo/popproj/2014 - popproj. html.（上网时间 2018 年 3 月 5 日）

续表

年份	所有种族	白种人	黑种人	黑种人比例
2030	359402194	267459258	48768269	13.57%
2035	370338137	271981235	50677777	13.68%
2040	380219202	275446632	52485366	13.80%
2045	389394178	278152601	54244259	13.93%
2050	398328349	280503047	56007108	14.06%
2055	407412129	282842590	57816919	14.19%
2060	416794610	285313843	59692857	14.32%

然而，大部分非裔美国人的祖先并非自愿来到美国，而是在约450年前的15世纪中叶，以被奴役的形式强行带到美国。自此，数以百万计的黑人被迫远离故土，踏上颠沛流离的海外生存之旅。

14世纪末期，世界造船技术和航海技术大幅提高，葡萄牙的海外扩张迅速发展，成为第一个抵达非洲并掠夺了大量资源的国家。1503年，西班牙不仅效仿葡萄牙的做法，还开展了人口贩卖业务，第一个将非洲人作为奴隶带回欧洲。在接下来的整个世纪里，欧洲商人将出口商品带到非洲大陆西岸，然后从当地的商人手中换取黑人奴隶，并最终贩卖到美洲，形成当时世界贸易发展中的重要一环。18世纪末，仅英国就有约150艘专门从事人口贩卖的船只从利物浦、布里斯托尔和伦敦等城市发出，成为贩卖黑人奴隶的“主导力量”。

数据显示，15世纪，有1100万①左右人口被跨大西洋贩卖。不仅如此，保守估计还有940万—1400万非洲人口被贩卖到阿拉伯世界。超过100万人口在穿越“大西洋中央航线”（Middle Passage）的途中，因非人道的对待或是抵抗而死亡。许多从非洲内陆抓获的奴隶更是在运往海岸的长途中，在抵达海岸前就命丧黄泉。即便幸存下来，黑人奴隶也常常因农场中繁重的苦力工作和极差的饮食条件而很快死去。如果企图逃走，黑人奴隶面临的往往是残酷的鞭刑或夺命的极刑。

15世纪末，哥伦布发现美洲后，奴隶贸易急剧发展起来，欧洲殖民

① “Quick guide: The slave trade”, Mar. 15, 2007, http://news.bbc.co.uk/2/hi/africa/6445941.stm.（上网时间2018年3月5日）

者在非洲大陆上进行了有组织的大规模贩卖黑人活动，美洲地主也因大量购买非洲劳动力而获益颇多，这成为提高农场生产力最直接和最根本的做法。这种贸易一直被提倡和推崇。19 世纪是美国奴隶制盛行的时代，尽管美国的立国思想及原则中包含不少自由和民主的进步成分，但由于当时美国主流价值观大多只考虑白人的自由和民主，并且倾向于把黑人看作“下等人类”，因而整个社会对黑人的自由问题并不关注。美国在这个世纪也成为贩卖黑奴的主要国家。

奴隶贸易给非洲带来深重的苦难。在 1500 年前，一些非洲王国在经济或是社会构成上甚至要强过很多欧洲国家。14 世纪，西非的马里帝国的领土面积远比西欧大得多，被誉为世界富有强大的国家之一。据学者保守估计，奴隶贸易使得非洲大陆至少减少了约 1 亿人口。

学者认为，导致非洲黑奴交易泛滥的原因，一是发达文明对于自由劳动力的巨大需求，二是非洲整体对于“身份”（Identity）的普遍缺失。意识到这个问题的非洲奴隶不断觉醒，开始对抗这些残忍的人口贸易。在非洲至美洲的贩奴船上，为摆脱非人的遭遇，奴隶不断暴动。他们宁死也不当奴隶，在赤手空拳、无可奈何的情况下，往往选择跳海自杀，或展开绝食斗争。在 1807 年，美国查尔斯顿港就有两艘船的奴隶因绝食而死。奴隶被贩运到美洲后，从事最繁重的劳动，在社会上处于最低下的地位。截至 17 世纪初，在美国的非裔人口已达 100 万，占全美人口总数的 19% 左右。其中，被奴役的黑人人口占全部非裔人口的 89%，是美国人口的主要组成部分。

表 2—2　1790—2012 年黑人人口变化

年份	黑人人口	占全美百分比	自由人口	奴役人口
1790	757208	19.3%	60576，8%	697681，92%
1800	1002037	18.9%	108435，11%	893602，89%
1810	1377808	19.0%	186446，14%	1191362，87%

续表

年份	黑人人口	占全美百分比	自由人口	奴役人口
1820	1771656	18.4%	233634，13%	1538022，87%
1830	2328642	18.1%	319599，14%	2009043，86%
1840	2873648	16.8%	386293，13%	2487355，87%
1850	3638808	15.7%	434495，12%	3204313，88%
1860	4441830	14.1%	488070，11%	3953760，89%
1870	4880009	12.7%	黑人奴役结束（1865）	
1880	6580793	13.1%		
1890	7488676	11.9%		
1900	8833994	11.6%		
1910	9827763	10.7%		
1920	10463131	9.9%	哈莱姆运动（1920）	
1930	11891143	9.7%		
1940	12865518	9.8%	第二次世界大战（1941—1945）	
1950	15042286	10.0%		
1960	18871831	10.5%	民权运动（1954—1968）	
1970	22580289	11.1%		
1980	26495025	11.7%		
1990	29986060	12.1%	洛杉矶暴乱（1992）	
2000	*36419434	12.9%		
2010	*42020743	13.6%	贝拉克·奥巴马（2008－2017）	
2012	*44456009	14.2%		
*纯黑人或非裔或非裔其他族。数据未记录在2000年以前的普查中。				

数量众多的黑奴为了生存，不断团结起来，并采取逃跑、怠工、破坏和举行暴动等形式进行反抗。黑奴的反抗是废除奴隶贸易和奴隶制度的一个重要原因，他们的不懈努力也争取到更多美国白人的理解和支持。1826—1827年，全美143个废奴团体在巴尔的摩召开大会，谴责罪恶的奴隶制度。美国在独立之初就存在是否废除奴隶制的争论。随着国际市场棉花需求量的猛增，南部种植园奴隶数量也大肆增加，与北部工业资本主义的发展以及国家的资产阶级民主性质产生严重冲突。此外，对黑奴的残酷压迫也激起更多人的不满。19世纪30年代起，要求废除黑奴制度的群众

运动日益高涨。运动的主体不仅有广大的黑人群体，还包括工人、农民和部分资本家等。1831 年，著名废奴主义者 W. 加里森在波士顿创办了《解放者报》（The Liberator），号召农场主立即无条件解放黑奴。次年，“美国反奴役协会”（American Anti – Slavery Society）成立。到 1840 年，该协会已在美设立 2000 多个分会，会员多达 20 万人。为了扩大反奴役制宣传，协会还创办了《人的权力》《反奴役制记录》《解放者》和《奴隶之友》4 个期刊，营造反制氛围。1852 年，H. B. 斯托夫人的名著《黑奴吁天录》（Uncle Tom's Cabin，又译《汤姆叔叔的小屋》）出版，对黑人奴隶的悲惨生活做了极其动人的描述和揭露，在社会上引起广泛反响，废奴运动也获得社会各阶层人士的更多支持，逐渐形成联合战线性质的政治运动，将废奴运动推向一个新的高潮。

人们对于废奴制的渴望不仅停留在一些群众活动或是单纯的宣传鼓动活动层面。奴隶制度的废除，从一个道德问题一步步发展成一个政治议题，最终在 19 世纪演变成一场战事。1859 年，废奴主义者约翰・布朗经过多年精心计划，发动了周密的解放黑人的武装起义，被视为内战前废奴运动的最高峰。1861 年，历史性的南北战争爆发，以革命暴力推翻了南方黑奴制。1862 年，在亚伯拉罕・林肯总统的领导下，政府采取了一系列民主措施，包括颁布《宅地法》（Homestead Act）和《解放宣言》（Emancipation of Proclamation）。1865 年，美国内战正式结束，国会通过了废奴法案，即《宪法第 13 条修正案》（Thirteenth Amendment to the United States Constitution），从法律制度上标志着美国的黑人奴隶制彻底结束了。

二、从自由到平等：民权斗争中的非裔美国人

1865 年内战的结束，标志着黑人奴隶制的结束，给非裔美国人带来了希望。他们渴望在这个付出过汗水甚至是生命的国家里享有与其他公民平等的权利。

在肯尼迪总统的推动下，尽管美国国会在 1964 年通过了《民权法案》（Civil Rights Act 1964），明确禁止一切基于种族或是性别的歧视，但这并不意味着非裔美国人在美国就可以真正享受与白人一样的生活。一代又一代非裔美国人，以各种形式与非公正的待遇进行着斗争。

美国有诸多民权运动家为黑人的自由做出巨大的努力，并取得历史性成就。巴士上的民权之母罗莎·帕克斯、民权领袖小马丁·路德·金、提升了黑人自信与自尊的马尔科姆·X、法庭上的革命者瑟古德·马歇尔、活着的圣徒约翰·刘易斯等，就像一团团耀眼的火焰，在不同的阶段为在黑暗中摸索平等民权道路的黑人同胞点燃了希望，照亮了道路。

1965 年，美国国会通过了《选举法案》（Voting Rights Act of 1965），从法律上赋予了非裔美国人与其他种族一样的投票权，这被看作实现了非裔美国人与其他族裔一样公民权利的一个重要标志，是一个历史性时刻。

非裔美国人因其人口基数大，历来在美国地方选举甚至全国总统大选中均产生过巨大影响。一些非裔人口众多的州更是选举的大票仓，是候选人的必争之地。非裔美国人也为自己的合法选举与被选举权的扩大据理力争，推动了美国的民主化进程。

以 2014 年美国中期选举为例，全美具有合法选举权的公民共有 2.199 亿，其中非裔合法选民有 2798 万，占全部选民的 12.7%。其中行使了投票权的人数为 1108 万，占非裔选民的 39.7%，占全部投票选民人数的 12%（见表2—3、表2—4）。[①] 相对于其他族裔而言，这个比例是较高的。

表 2—3　2014 年美国中期选举全美选民投票情况统计

2014 年 11 月登记投票人数（单位：千人）			
	美国公民		
全部种族统计		登记投票	
	人口总数	数量	比例
包括男女			
所有 18 岁及以上	219941	92251	41.9%
18 - 24 岁	27539	4721	17.1%
25 - 44 岁	71395	23209	32.5%
45 - 64 岁	76882	38111	49.6%
65 - 74 岁	25717	15739	61.2%
75 岁及以上	18408	10471	56.9%

① “Voting and Registration in the Election of November 2014”, Jul. 2015, https://www.census.gov/data/tables/time-series/demo/voting-and-registration/p20-577.html.（上网时间：2018 年 4 月 2 日）

表 2—4　2014 年美国中期选举全美非裔选民投票情况统计

2014 年 11 月登记投票人数（单位：千人）			
	美国公民		
非裔统计		登记投票	
	人口总数	数量	比例
包括男女			
所有 18 岁及以上	27908	11078	39.7%
18 -24 岁	4367	845	19.4%
25 -44 岁	10109	3411	33.7%
45 -64 岁	9468	4582	48.4%
65 -74 岁	2485	1431	57.6%
75 岁及以上	1479	809	54.7%

非裔美国人积极行使公民合法权利，不仅体现在上述中期选举中，在 2016 年美国大选期间，他们也有很积极的表现。当时全美共有 2.24 亿公民参与投票，其中合法非裔选民共 2880 万，占全部选民的 12.8%。其中直接行使了投票权的有 1712 万，占黑人选民总数的 59.4%，占全美投票选民数的 12.4%（详见表 2—5、表 2—6）。①

表 2—5　2016 年美国大选全美选民投票情况统计

2016 年 11 月登记投票人数（单位：千人）			
	美国公民		
全部种族统计		登记投票	
	人口总数	数量	比例
包括男女			
所有 18 岁及以上	224059	137537	61.4%
18 -24 岁	26913	11560	43%
25 -44 岁	72610	40994	56.5%
45 -64 岁	77544	51668	66.6%
65 -74 岁	27839	20219	72.6%
75 岁及以上	19154	13095	68.4%

① “Voting and Registration in the Election of November 2016”, May. 2017, https://www.census.gov/data/tables/time-series/demo/voting-and-registration/p20-580.html.（上网时间：2018 年 4 月 2 日）

表 2—6　2016 年美国大选全美选民投票情况统计

2016 年 11 月登记投票人数（单位：千人）			
	美国公民		
非裔统计		登记投票	
	人口总数	数量	比例
包括男女			
所有 18 岁及以上	28808	17119	59.4%
18－24 岁	4138	1751	42.3%
25－44 岁	10599	6008	56.7%
45－64 岁	9702	6369	65.6%
65－74 岁	2716	1910	70.3%
75 岁及以上	1653	1081	65.4%

在白人至上主义的影响下，黑人作为弱势群体长期被排斥在民主政治之外。一方面，美国社会信奉自由和民主，将个人权利和尊严视为最高价值。另一方面，社会又长期由白人主导，无视黑人的民权诉求。美国黑人清楚地明白，随着大量黑人获得选举权，他们已成为能够左右总统选举的重要因素。谁获得黑人选民的支持，谁当选的概率就更大。因此，美国黑人对于行使投票权的热衷，也是他们对抗白人至上、渴望平等和追求自由的集中反映。

三、近届美国政府的态度

（一）奥巴马执政期间

非裔美国人对于自己权力的向往和斗争，随着 2008 年奥巴马当选美国历史上第一位非裔总统而推向高潮。福布斯（Forbes）网站曾在当年刊登名为《美国的种族主义结束了》（Racism in America is over）的一文，对奥巴马当选总统能解决（至少是缓解）美国种族问题寄予厚望。该文认为威廉·杜波依斯提出的“20 世纪最大的问题就是种族问题”这一观点，已随着奥巴马的上任而不再是“21 世纪的问题”。[①] 《华盛顿邮报》（Washington Post）也在 2009 年 1 月 13 日—16 日在全国范围内对 1079 个随机抽取的成人进行了电话访问，询问了一系列关于美国社会、经济、文化等各方面现状的看法，其中一个问题就是“你认为在今天，种族主义是一个多大的问题”。同样在 1996 年，该报采访的结果显示，11% 的受访者认为种族主义不是个大问题。而 2009 年的调查结果显示，这一比例上升明显，有 26% 的受访者认为不是个大问题。[②] 该报随后在网站上发表了名为《认为种族主义是大问题的人数锐减》（Far Fewer Consider Racism Big Problem）一文，指出这一比例上升的直接原因就是“对奥巴马政府执政表示乐观”。[③]

伴随着奥巴马的上任，黑人权力运动情绪高涨，网络上开始了口号为 #BlackLivesMatter 的黑人社群运动。该运动兴起于 2013 年，因射杀黑人青年的警察乔治·茨默曼被宣判无罪而引发黑人和“白人左派”大量的抗议与骚乱。黑人族裔与警察和执法机构之间的关系尤其紧张，这种紧张气氛后来又延伸到与其他族裔之间。

尽管在奥巴马上任之始，各界的欢呼声一片，但奥巴马在 8 年执政期间，并未给黑人在美国社会的地位带来明显改善。在奥巴马即将卸任的倒数第二年，即 2015 年 6 月 18 日，发生了震惊全美的南卡罗来纳州查尔斯顿市黑人教堂枪击案。枪击案发生 1 小时前，21 岁的美国男子迪伦·鲁夫混在人群中进入黑人教堂。幸存者随后回忆，大概 1 小时后，他突然站起来喊“你们奸淫我们的姐妹，占领我们的国度，你们必须消失！”还有媒体报道称，鲁夫表示他作案的理由就是“因为他们是黑人”。[④]

---

① “Racism In America Is Over”, Dec. 30, 2008, https: //www. forbes. com/2008/12/30/end - of - racism - oped - cx_jm_1230mcwhorter. html.（上网时间：2018 年 4 月 14 日）

② “Washington Post - ABC News Poll”, http: //www. washingtonpost. com/wp - srv/politics/documents/postpoll011709. html.（上网时间：2018 年 4 月 15 日）

③ “Far Fewer Consider Racism Big Problem”, Jan. 19, 2009, http: //www. washingtonpost. com/wp - dyn/content/article/2009/01/18/AR2009011802538. html.（上网时间：2018 年 4 月 15 日）

④ 《美国黑人教堂枪击案嫌犯被捕 目击者称其杀人“只因他们是黑人”》，观察者网，2015 年 6 月 19 日，https: //www. guancha. cn/america/2015_06_19_323919. shtml.（上网时间：2018 年 4 月 15 日）

枪击案发生后，美国民众又清醒地认识到，种族歧视在美国一直未消失，并没有随着某一任总统的上台而得到解决。奥巴马随后在22日接受一个网络谈话节目采访时就南卡罗来纳州查尔斯顿市黑人教堂枪击案发表了自己对种族歧视的看法。他认为美国“没有治愈种族主义（顽疾）”。他说：“社会不可能把存在两三百年的一切东西一夜之间抹去。”他也承认，“歧视几乎仍存在于我们生活的各种制度中，影响深远，仍是我们基因的一部分”。[①]

2016年5月，作为即将卸任的美国首位非裔总统，奥巴马在霍华德大学的毕业典礼上，当着出席的全体美国青年人承认，“种族主义仍然存在，不平等仍然存在”。他举例说，在经济层面，虽然美国总体失业率为5%，但是黑人失业率几乎达到9%；教育层面，中学和大学中黑人学生毕业率仍低于白人学生；一名全职黑人女雇员的薪酬只有一名白女人雇员的66%。[②] 针对美国多次白人警察对黑人暴力执法引发的大规模抗议乃至骚乱，奥巴马特别指出，黑人在司法层面所受歧视也尤为严重。

2014年的弗格森枪杀案和2015年的巴尔的摩种族骚乱表明，美国并没有进入所谓的“后种族时代”。[③] 美国社会各界对种族主义的高度关注和黑人权力运动再掀高潮，导致“白人憎恨”（White Resentment）情绪激涨，令美国的白人群体倍感压力。原本对于种族平等的诉求也变成另一种种族歧视。正是这种白人仇恨及民粹主义兴起，给了特朗普有力的助攻。

（二）特朗普执政期间

2015年6月，特朗普宣布竞选美国下一任总统。这位来自地产业的商业精英，从宣布竞选之初就意识到美国人口众多的非裔民众是他重要的支持对象。在宣布参选后的3个月内，特朗普获得很多非裔民众的支持。对此，他表示自己将赢得最终大选。在美国调查（SurveyUSA）9

---

① 《奥巴马谈种族歧视：在美国社会仍根深蒂固》，新华网，2015年6月24日，http://www. xinhuanet. com/world/2015-06/24/c_127942256. htm.（上网时间：2018年5月3日）

② 《奥巴马警告美种族问题仍严重 需采取实际行动》，新华网，2016年5月9日，http://www. xinhuanet. com/world/2016-05/09/c_128967936. htm.（上网时间：2018年5月3日）

③ 李拯：《弗格森事件引燃美国种族主义》，人民日报，2014年11月28日，第5版。

月的一次调查中，受访的黑人中有25%表示支持特朗普。路透社同期的调查也显示，他是当时15位参选的共和党候选人中获得黑人支持最多的一位。

特朗普之所以能够获得较多非裔美国民众的支持，首先与奥马巴执政期间民众对于变革期待的最终落空有关。民众总是寄希望于一个新的不同背景的候选人能够给现状带来变化。其次，他的胜利得益于几次公开采访和竞选演讲本身传递出的积极信息。

在2016年4月《华盛顿邮报》对特朗普关于竞选想法的专访中，他直言在奥巴马上任之后，黑人与白人之间的裂痕加深，并认为“他（奥巴马）也许是团结白人和黑人的重要因素，但他却并没有做到”[①]。从访谈中可以看出，特朗普似乎也在将改善美国日趋严重的白人与黑人对立问题作为竞选要解决的问题之一。

随后的8月，特朗普在威斯康星州密尔沃基市的一次以法律和秩序为主题的演讲中，直接抨击了竞选对手希拉里对于种族问题的柔软态度，认为她放任犯罪，伤害了以黑人为主体的美国底层穷人群体。他呼吁每一个非裔公民为自己投票，因为他们正在饱受煎熬，亟须改变。[②] 他的演讲虽然没有给出具体的措施和承诺，却一针见血地揭露了黑人群体在美国社会中的现状，引起黑人民众的共鸣。在这次演讲之后，民调显示，特朗普在黑人群里中的支持率从8月15日的4.8%飙升到16日的14.3%和17日的14.6%。[③]

特朗普对于局势的把握是正确的，然而他上任后的一系列动作却证明，他争取的始终只是美国黑人群体手中的选票而已。在竞选成功及宣誓上任之后，他并没有怎么兑现竞选的承诺或是为美国的种族问题尽力，反而是在各种场合都显现了自己在白人至上理念影响下的个人表现及其治国

① 《特朗普首次详述：为什么我要竞选美国总统》，腾讯网，2016年4月4日，https：//xw. qq. com/amphtml/20160404023374 00.（上网时间：2018年5月5日）

② “Full text：Donald Trump campaign speech in Wisconsin”，Aug. 17，2016，https：//www. politico. com/story/2016/08/full－text－donald－trumps－speech－on－227095.（上网时间：2018年5月5日）

③ “LA Times/USC poll：After Milwaukee，Trump jumps 10 points among blacks”，Aug. 2016，http：//netrightdaily. com/2016/08/milwaukee－trump－jumps－10－points－among－blacks.（上网时间：2018年5月10日）

方针。

特朗普个人就带有强烈的白人自豪感。早在2016年，美国橄榄球联盟（NFL）黑人球员科林·卡普尼克因在奏国歌时拒绝起立，单膝下跪抗议种族歧视引起轰动，后来有更多的球员仿效科林的行为。虽然特朗普当时只是共和党总统候选人，却强势插手体育圈事务，不仅不尊重个人对于种族歧视的表达，反而出言刻薄，“有人不喜欢美国的话，不必祈求改变，直接滚出去最快了”。当选总统后，他重提此事，更直言要把科林给赶走，解雇他。特朗普的这番话激起美国黑人的不满，美国的球星们更是直接对特朗普展开了一系列回击。

各界的批评并未阻止这位总统发表不当言论。耐克在其发起的30周年品牌活动中因科林在反种族歧视方面的杰出贡献，决定将他作为其宣传人物之一。特朗普随即对此发表了自己的看法，认为这是一个错误的决定，“向公众传递了非常糟糕的信息，而且这些信息就不该被传递”。① 一些学者分析，由于黑人在美国体育界有卓越的成就和相当高的威望，崇尚白人至上的特朗普自然不能与体育界人士愉快相处。同时，特朗普提出的振兴美国制造的口号，也迫使诸多美国企业回国建厂生产，从而成本暴增，由此导致一些体育品牌在赛事的赞助和投入减少，伤害了各方的利益。

在2018年1月14日白宫一场内部的移民政策会议上，他向海地、萨尔瓦多和一些非洲国家开炮，称那些地方是“屎坑”（shithole countries），拒绝向那些国家的移民提供保护，并表示应该腾出他们的名额欢迎来自挪威之类国家的移民。虽然这一消息是由一名参会的民主党参议员曝出，但白宫在事后的回复中默认了总统的说法。特朗普随后在推特上含糊地争辩称，他在会议上用了“强硬”的措辞，自己没有使用过“那种语言”，并否认自己是种族歧视者。南非政府还在此后正式向美国驻比勒陀利亚大使馆抗议，要求解释非洲国家与海地、萨尔瓦多人“移民到美国不受欢迎”的说法。对此，特朗普只是说南非和美国、非洲和美国之间的关系必须建

---

① “Trump：Nike's Colin Kaepernick campaign sends ‘terrible message’”，Sep. 4，2018，https：//money. cnn. com/2018/09/04/news/companies/trump - nike - kaepernick/index. html.（上网时间：2018年10月12日）

立在相互尊重和理解的基础上，谋求两地利益最大化的发展。

特朗普对不同种族的不公看法，不仅在他个人生活工作中有所体现，还表现在他这届政府对一些事件的态度上。

2018 年 7 月 3 日，特朗普政府发布公告称，司法部宣布撤销 24 份奥巴马政府颁布的指导性政策文件，其中 7 份文件涉及大学招生“平权法案”（Affirmative Action）。“平权法案”是前任民主党籍总统奥巴马执政时为促进校园种族多元化而颁布的指导性政策。司法部长杰夫·塞申斯称这类政策存在诸多“不正当”之处。“平权法案”始于 1961 年肯尼迪总统的一个反对歧视的行政命令，后来几经修改，成为今天一个影响无数美国人的重要法案。该法案的颁布，旨在促进教育的公平和校园种族多元化，给长期处于教育不利地位的少数裔子女提供关照。而特朗普政府的做法直接剥夺了包括黑人在内的少数裔公民的教育机会，从而巩固了一直就受到更好教育的白人群体的教育领先地位。这些政策指导文件虽不具有法律拘束力，但代表美国政府立场，这也是特朗普想从各方面来确保白人在美国拥有绝对主导地位的体现。

总体而言，黑人民权运动已过去多年，但余波尚未平息，种族问题、权利平等等问题仍然是美国社会的焦点、高压线，并不会随着某任总统的执政而忽然得到根本的解决。原本就复杂的、根深蒂固的种族问题，在带着明显白人至上色彩的特朗普上台后，变得更为敏感和糟糕。2017 年 8 月 11 日晚，美国数千名白人种族主义者在弗吉尼亚州夏洛茨维尔市聚集，爆发了 10 年内最大的白人至上主义游行。12 日，反对者与这些白人种族主义者在街头对峙。当天上午，双方的对峙由口角相争升级为暴力斗殴。这场暴力冲突造成至少 3 人死亡、34 人受伤，包括一名男子驾车撞入集会人群造成 1 死 19 伤，以及一架参与维持治安的直升机坠毁导致 2 名警员丧命。

白人至上这个根植于美国社会的问题，自特朗普上台打民粹主义擦边球以来就愈演愈烈。这些群体事件只是一个缩影，说明白人至上主义之所以突然沉渣泛起，一是因为这种思潮从未消失，二是因为美国过去几年里出现了适合这种思潮抬头的氛围，而这是最可怕的。它反映出美国社会在特朗普任期内正加剧分裂，非裔美国人的民权之路也变得更加曲折，还将在长期的艰难抗争中前行。

美国亚裔的历史与现状

朱荣杰*

美国社会民族构成的特点以及美国政治文明的发展进程，决定了亚裔美国人既是为美国社会进步与发展做出重要贡献、占有重要一席之地的少数族裔，也决定了亚裔美国人的地位在美国族裔历史进程中是曲折艰难的。随着美国社会对少数族裔问题的关注，并通过立法等方式对白人与少数族裔关系进行规范，亚裔美国人长久以来的努力和奋斗得到一定程度的认可，其政治地位、经济地位和社会地位都发生了相应改变，然而时至今日，白人至上主义仍然是美国社会的主流价值观，白人在政治、经济和文化体系中所享有的具有压倒性的控制权力和物质资源的基本格局并未改变，政治上少言寡语、经济上偏安一隅、文化上各自一体仍然是亚裔美国人在美国社会的主要形态。

一、亚裔进入美国的历史

亚裔美国人是指移民到美国并成为美国公民的亚洲人及其后代，通常也包括具有亚洲血统的混血儿。亚洲人进入美国成为美国人的历史，与美国自身经济建设、对外战争与扩张息息相关，也与白人至上主义视角下的美国社会对外来移民的抵触情绪发展密不可分。一般而言，在美国社会经济建设需要大量外来人口支撑的时期，亚洲人进入美国成为美国人的政策就较为宽松；而美国扩张与战争所到之地，进入美国的相关亚洲国家人口就相对较多；在美国国内建设需要外来人口与美国同相关亚洲国家关系友

* 朱荣杰，北京语言大学外国语学部英语学院副教授，北京语言大学美国加拿大研究中心（教育部备案）研究人员。

好面上升的双重因素叠加之时，进入美国的相关亚洲人口也呈正相关趋势。反之，当美国社会感受到所谓的外来人口和文化的威胁时，白人至上主义就会抬头，对相关亚洲国家人口进入美国的限制政策就会趋于严苛，不但给业已成为美国公民的亚裔美国人带来歧视与压力，而且给相关亚裔族群发育成长带来严重影响。华人进入美国成为美国人的历史即是上述现象的生动例证。

19 世纪中期，加利福尼亚出现淘金热，60 年代修建横贯大陆的太平洋铁路时，美国政府出于对大量外来劳工的迫切需要，对华人劳工赴美敞开大门，美国政府与清政府签订了《蒲安臣条约》，以保证中国人不受限制地移民美国，因此大量华人进入美国。到 1870 年，华工占美国人口的 0.7%，加州人口的 8.8%，加州劳动力的 25%。①这是华人进入美国的第一个高峰。

然而太平洋铁路建成之后，在美华工成为剩余劳力，同时美国发生经济危机，白人至上主义的自私利己一面迅速上升，在白人眼里，华工不但成为“抢白人饭碗的人”，而且被视为对美国社会纯洁度的“威胁”，以至于 1882 年美国国会通过了第一个针对少数族裔的《排华法案》，规定 10 年内禁止华工入境，只有商人、外交人员、留学生、教师和旅行者可以进入美国，华人不得加入美国国籍。

美国第二次允许华人进入美国，依然与美国自身利益密切相关。1943 年，出于共同抗击日本法西斯的战略需要，美国与中国建立了盟友关系，废除了已实行 61 年的 1882 年《排华法案》，允许华人进入美国并入籍，但每年配额只有象征性的 105 个。1952 年，美国国会通过《移民与国籍法》，取消亚洲移民不得入籍的禁令，并允许日裔合格移民归化为美国公民。从该法生效到 1965 年，亚洲移民数量快速增加，总数高达 23. 6 万人。亚洲移民的入籍率也有显著上升。从废除《排华法案》到 1952 年的 10 年内，有 8140 名华裔入籍。从 1952 年实施移民法到 1960 年，入籍人数则达 15190 人。

随着中国实行改革开放政策，中美两国正式建立外交关系，美国对大陆赴美留学人员打开大门，部分留学人员留在美国，因而大量中国新移民

---

① 潘亚玲：《亚裔美国人游说与中美关系》，辽宁人民出版社 2014 年版，第 73 页。

涌入，华裔的人口数量大幅增长。据统计，2011 年华裔美国人中有 35.9%出生于美国，64.1%的出生在海外（即外来移民）。移民中绝大部分来自中国大陆，占 60.1%。① 而反观冷战期间，中美两国几乎断绝来往，大陆赴美移民寥寥无几。

日本人和菲律宾人进入美国的历史则与美国向太平洋扩张，发动美西战争，吞并夏威夷，殖民菲律宾密切相关。19 世纪末，日本人大量进入夏威夷，成为橡胶园劳工。《排华法案》后，日本人又大量进入北美大陆。菲律宾人则是在菲律宾成为美属菲律宾领地后，大量进入美国。后来，华人在美国被排斥的遭遇同样发生在他们身上。

大批越南人进入美国则主要发生在越南战争期间及之后。1978 年越南实行地区霸权主义政策后，又有大批越南人以“难民”身份进入美国。据统计，1976—1988 年，抵达美国的越南“船民”接近 50 万之多。其后，前两批移民的亲属和美军在越南的遗属也大批来到美国。②

因此从历史上看，当国内建设、对外关系、自身利益需要之时，美国就会打开面向亚洲特定国家的大门；反之，经济衰退、对外关系恶化等因素也会让这扇大门或半遮半掩，或干脆完全关闭。

二、亚裔族群受到的歧视与限制

亚裔美国人中，华工是最先遭受不平等、不公正待遇的群体，在一定意义上，华裔在美所受的歧视与限制在亚裔族群具有代表性。华工在修建横贯美国大陆、连接大西洋与太平洋的太平洋铁路中，过着常人难以忍受的生活，贡献了自己的智慧，做出巨大牺牲。太平洋铁路的建成，对于美国迅速成长为跨越两洋的帝国发挥了巨大的作用，然而这样的历史功绩在白人至上主义甚嚣尘上的浓厚氛围中，却无法为华工带来荣耀与功劳，反而是无处不在的无情盘剥、偏见与歧视、污辱与损害。美国著名作家马克·吐温在其文章中，就用具体生动的描述揭露了白人至上主义无情无义的

---

① 参见：潘亚玲：《亚裔美国人游说与中美关系》，辽宁人民出版社 2014 年版，第 112 页。

② C. N. Le, “Asian American Assimilation, Ethnicity, Immigration, and Socioeconomic Attainment”, New York: LFB Scholarly Publishing LLC, 2007, p. 36.

嘴脸。就亚裔族群整体而言，他们在以下几个方面遭受了歧视与限制，虽然时至今日有些方面已得到改善，但新的歧视与限制又在不断出现。

（一）平等权利

在作为美国立国基本价值理念的《独立宣言》中，首要的信条是：人人生而平等，都有生命、自由和追求幸福的权利。但对于早年来到美国的华人来说，这样的平等只是可望不可及的幻想，不平等使华人与白人社会相距甚远，最为基本的不平等就是华人无法取得公民权。虽然由于历史条件的限制，当时美国社会的不平等体现在方方面面，如男女之间的不平等、白人与其他少数族裔之间的不平等等，但白人至上主义所反映出来的自私利己、傲慢自大、高人一等、经济盘剥对华人尤甚，以至其登峰造极之作 1882 年《排华法案》能够存在长达 61 年之久，直到世界格局的改变，美国需要中国这个世界反法西斯战争的盟友帮助之时，方才有所改变。然而，从美国文化传统的根源上看，浸润于美国主流价值观念中的白人至上观念可能不会得到根本改变，一旦包括国际关系在内的利益格局发生重大变化，白人至上主义就会反复、抬头甚至发作，包括华裔美国人在内的亚裔族群争取平等权利的努力将是一个漫长而艰苦的过程。

（二）人格尊严权利

华人在人格尊严权利方面所受到的歧视最为主要的方面是污名化、恶名化，并因此饱受屈辱。在当时的社会氛围下，华人在美国屡遭欺辱。如在具有正义感的马克·吐温的眼中，白人至上的种族优越不仅体现在美国国内，还体现在美国的对外认知，他曾笔锋犀利地写道："整个教会就是帝国主义的帮凶，他们满口道德仁爱，把布尔人、菲律宾人等看作是坐在黑暗中的愚昧无知的人，说要赐予他们以'文明'，实际上他们杀人、掠夺成性，给这些人带来深重的灾难。"（马克·吐温：《致坐在黑暗中的人》，1901 年）实际上在美国文化中，白人至上主义并不新鲜，而是深深浸润于北美早期欧洲移民的宗教和价值观中。到了 1845 年，奥沙利文在《民主评论》上发表了一篇题为《天定命运》的文章，他认为，美国在北美大陆上的扩张和征服活动是上帝赋予白种的盎格鲁—撒克逊民族的一项神圣使命，从而将白人至上主义理论化和政策化。40 年后，新天定命运论又一次甚嚣尘上。虽然天定命运论是一个包罗很多内容的复杂理论体系和价值观念体系，但其中的重要基础就是种族优越论，认为除白种盎格鲁一撒克逊外，其他民族都是劣等民族，从本质上看，亚裔族群受到歧视的根源即在于此。

社会文明发展到今天，美国社会仍时不时出现贬低歧视华人、侮辱亚裔的声音和现象。白人至上主义和种族歧视仍是在少数白人心中难以根除的心灵顽疾，时不时给包括华裔在内的亚裔族群造成新的伤害。

（三）自由迁徙权利

早期华人移民集聚而居逐渐形成华人社区，被很多人视为是华人在习俗、宗教、饮食、交流等诸多方面保持自身独特性的象征，而研究华人早期移民美国的历史不难发现，唐人街不过是华人移居美国后遭受歧视与限制的实物实地证据，华人集聚而居只是一种白人至上主义下的被动选择。华人被禁止拥有土地、禁止与白人通婚、禁止拥有房产、禁止接受教育，只能生活在城市或整个城市的特定地点，因此中国餐馆和洗衣店是作为对偏见、排斥和制度歧视的反映。唐人街也远非今日之面目。“最宽泛地说，唐人街是一个种族隔离极端形式的产物，从 19 世纪晚期到 20 世纪四五十年代，美国存在着一个我们称为‘排斥亚裔’的统治机制，这是一个法律、社会实践和理论交织而成的网络，其目的是把亚裔拒斥于美国生活之外。这才是唐人街兴起的真实由来，那时的唐人街跟今天大不相同，那不是一个吃饭和销售廉价纪念品的地方，而是政府遏制一个颇具威胁性族群的手段”。[①] 如在马克·吐温看来，华人的生活环境相比白人实在是相差不少，而华人为什么不用马车？却是一个值得深思的问题。很可能当时被封闭禁锢在华人社区的华人，实际上被剥夺了自由迁徙的权利，远离华人社区难以避免生命受到威胁的局面，在白人那里华人也无法找到工作，华人只能生活在自己的社区内，自己做自己的生意。虽然今天的美国唐人街已经成为旅游景点，华人已经走出唐人街，但这一段被隔离的历史，却在美国土地上留下了实物记录。

---

① Ellen D. Wu, “The Color of Success: Asian Americans and the Origins of the Model Minority”, Princeton and Oxford: Princeton University Press, 2014.

（四）生存权利

生存权利是人的基本权利，离开了生存权，其他一切权利都无从谈起。在华人进入美国做苦力的时期，最多的时候有1.2万名华人工作在太平洋铁路线上，多数人做的是最脏最危险的工作。据记载，开凿塞拉山脉的隧道时，大约有1000名华工遇难，大多因塌方和爆破事故丧生。华人承担了巨大的施工安全风险，生命权得不到保障，然而当1869年铁路竣工他们回到加州之后，他们便成为种族袭击和歧视性立法的目标，因为一旦他们的劳动力不再被需要，便被白人视作经济上的威胁。来自白人社会的刻薄偏见和公然歧视对当时的华人产生了致命打击，他们的基本家庭生活权利也被剥夺。这些都在无形中加剧了许多华人社区的社会隔离情况。白人在西海岸和落基山脉地区，又不时洗劫和焚烧唐人街，滥杀无辜。1871年，洛杉矶一伙白人歹徒一夜之间射杀和绞死了大约20名华人。[①] 在排华风潮中，暴乱、私刑、谋杀此起彼伏，华人的生命安全受到严重威胁。

日本人大概比中国人晚30年左右进入美国，早期中国移民在美国所受的不公与歧视，日裔美国人也基本上经历过。到1930年，日本人被完全禁止进入美国。其中特别值得一提的是，第二次世界大战期间日裔美国人所经历的一场生存危机。美国先是以美国安全的潜在威胁为理由，搜捕了大约1.5万名日裔美国人。1942年2月，美国总统罗斯福签署一项行政命令，授权军队可以将“有关人等”从军方指定的“军事地区”内赶走，“安置”在其他地方。1942年3月—11月，有10万名日裔美国人，包括男女老少，被运往加州到阿肯色州一带荒芜人烟的各个巨大的拘留营，这种实际上剥夺日裔美国人基本生存权利的做法，目的是保证美国在战争中的绝对安全，但其本质仍然是种族歧视而非其他。在这场灾难中，很多日裔美国人倾家荡产，甚至有少数人因为被歧视、被怀疑的偏见而宣布放弃美国国籍[②]。

---

① ［美］托马斯·索威尔著，沈宗美译：《美国种族简史》，中信出版社2011年版，第147—148页。

② 潘亚玲：《亚裔美国人游说与中美关系》，辽宁人民出版社2014年版，第222页。

（五）工作权利

在美国主流社会，亚裔的传统职业形象是日本人做园丁、摆蔬菜摊，韩国人当杂货店店主，这绝不仅是一种文化形象，而是从深层次反映出亚裔进入美国之初时受到的职业限制。当时，在有形的制度限制和无形的文化阻隔中，亚裔所能从事的工作非常有限，白人也不愿意给亚裔提供工作机会。这种深深渗透于文化之中的白人至上主义，即使到了今天，还在以职场“竹子天花板”现象反映在美国社会之中。韩裔美国女性简·海云（Jane Hyun）在2005年出版的《打破竹子天花板：亚裔的职场策略》（Breaking the Bamboo Ceiling：Career Strategies for Asians）一书中，最先指出亚裔所面对的无形的升职障碍。由于受到无形的种族歧视，尽管亚裔美国人受教育程度较高，但无法获得与其成正比的职场高级职位，很难成为高级管理人员、领导层等。虽然今天美国对亚裔获取工作没有立法和政策上的公开限制，但在任职机会、升职机会上的不平等，仍然有白人至上主义的价值观闪烁其后。

（六）受教育权利

客观地说，20世纪60年代开始的美国平权运动，对推动美国族群平等，特别是给予美国黑人补偿性工作和教育权利发挥了积极作用，平权运动的确促进了美国亚裔在各个领域中摆脱歧视，争取平等权利的历程。就整体而言，亚裔族群在这场时至今日仍对美国社会产生重要影响的运动中是受益方。在平权运动的冲击下，许多精英大学纷纷将种族多元化作为重要考量因素，也因此获得更多的政治资源和道德正当性。[①] 比如，美国精英大学是从20世纪60年代起开始向亚裔敞开大门的，哈佛大学一开始并不认可亚裔是历史上被歧视的少数族裔，但在亚裔组织的抗议下最终把亚裔纳入录取的平权措施体系之中。哈佛大学的亚裔新生比例逐年提高。从某种程度上讲，20世纪20年代被用来限制犹太学生的“种族配额”招生策略，在平权运动时代成为帮助少数族裔的手段。

---

① Daniel Golden, “Creating a Class：College Admissions and the Education of Elites”, Cambridge, Mass.：Harvard University Press, 2007. p. 118.

但族群整体受惠并不等于每个亚裔学生都受惠，由于新情况的出现，亚裔学生反而感到受歧视。1965 年新移民法颁布以后，亚裔移民人数飞速上涨，亚裔家庭又普遍重视子女的教育，视教育为公平竞争以获取更好资源和生存空间的途径，亚裔学生普遍成绩优秀。然而各种数据表明，尽管亚裔学生普遍学业成绩出色，在各类竞赛中取得靠前名次，但“隐形”的种族配额成为其进入名校的障碍，这也是不争的事实。例如，1975 年布朗大学的亚裔学生录取为 44%，1981 降为 14%；加州大学伯克利分校亚裔学生录取率 1979 年为 76.7%，1984 年降为 34.3%；1985 年普林斯顿大学整体录取率为 17%，亚裔为 14%；同年哈佛大学整体录取率为 18%，亚裔为 15%。①

因此，“亚裔歧视”已经成为亚裔平等受教育权利的热点问题。2014 年下半年，一些亚裔美国人决定创立美国亚裔教育联盟（AACE），团结亚裔美国人社区站出来反对常春藤联盟高校对亚裔学生大学入学录取歧视的做法。2014 年 12 月，他们决定联合亚裔组织提出针对哈佛大学侵犯公民权利的申诉。不到 3 个月的时间，该团队起草了申诉文件，由亚裔法律基金会审核，并从 2015 年 2 月中旬开始寻求亚裔社区的支持。2015 年 5 月 15 日，在美国亚裔教育联盟的组织下，64 个美国亚裔团体（包括华裔、印度裔、韩裔和巴基斯坦裔等）在华盛顿和加州尔湾同步召开记者招待会，宣布向联邦教育部平权司和司法部递交申诉，要求对哈佛大学在招生录取时存在由“种族配额”带来的亚裔歧视展开调查。② 这是过去几十年来，亚裔在追求平等教育权益方面最大的一次联合行动，很快获得 3 名国会议员的支持。这次行政申诉引起美国以及亚洲、欧洲、大洋洲和中东地区大多数主要新闻媒体空前的关注和报道。这次的努力也吸引了来自美国社会许多地方，包括美国众议院两党议员的支持，从而成为亚裔维护平等受教育权利的一个标志性事件。

2018 年 7 月 30 日，代表 156 个亚裔组织的美国亚裔教育联盟（AACE）联手美国亚裔法律基金会（AALF）向波士顿联邦地方法院提交

---

① Drew G. Faust, “Unofficial Enforcer of Ruling on Race in College Admissions”, The New York Times, April 7, 2015.

② 《亚裔教育联盟申诉哈佛大学》，ACCE，2015 年 11 月 12 日，http：//asianamericanforeducation.org/zh/Harvard－complaint－zh/。（上网时间：2018 年 8 月 29 日）

了一份非当事人意见陈述书（Amicus Brief），坚决反对哈佛大学对亚裔学生的录取歧视并声援学生公平录取组织（SFFA）对哈佛大学的起诉。美国亚裔教育联盟宣称，此次联合行动表达了广大亚裔社区在争取亚裔孩子在法律面前受到平等保护和要求哈佛停止其非法歧视亚裔孩子行为方面的强烈诉求。此前，学生公平录取组织通过对超过16万份录取档案进行分析和面试证人，发现并公布了哈佛录取歧视的确凿证据。这些证据显示，哈佛通过事实上的种族配额、种族刻板印象和过高标准这一系列违反美国最高法院相关判决的恶劣行径来歧视和伤害亚裔申请学生。①

平等受教育权利涉及亚裔下一代的发展，对于高度重视后代教育和后代发展的亚裔来说，维护平等受教育权利的意志和行动将进一步考验美国高等教育体系的公平公正性。

三、亚裔族群的成长与影响

（一）人群的成长

从早期华人进入美国开始到现在，亚洲人进入美国已经有超过150年的历史，尽管经历了艰难曲折，但亚裔族群整体上不断发展成长。总体来说，亚裔美国人在美国所有族群中拥有最低的贫穷率、最高的高等教育接受率，家户所得及个人所得的中位数也最高。2000—2015年15年间，亚裔美国人人口增长了72%，从1190万增加到2040万，是所有主要种族或族裔群体中增长最快的，亚裔美国人约占美国人口总数的5%。在亚裔美国人中，最大的次族群是华人、印度人和菲律宾人。截至2015年，24%的亚裔美国人（490万）来自中国。其次是印度裔美国人，占全美国亚裔人口（400万）的20%，菲律宾人以总数390万，紧随其后，占19%。虽然19个亚洲起源群体的人口增长情况各不相同，但在2000—2015年间，19个群体中有大约一半的人口规模增加了一倍以上，不丹人、尼泊尔人和缅甸人的人口增长率在此期间增长最快。与此同时，老挝人和日本人在过去15年中是亚裔美国人中增长率最低的次族群之一。

---

① 参见亚裔教育联盟网站：http://asianamericanforeducation.org/pr_20180731_zh/.（上网时间：2018年8月29日）

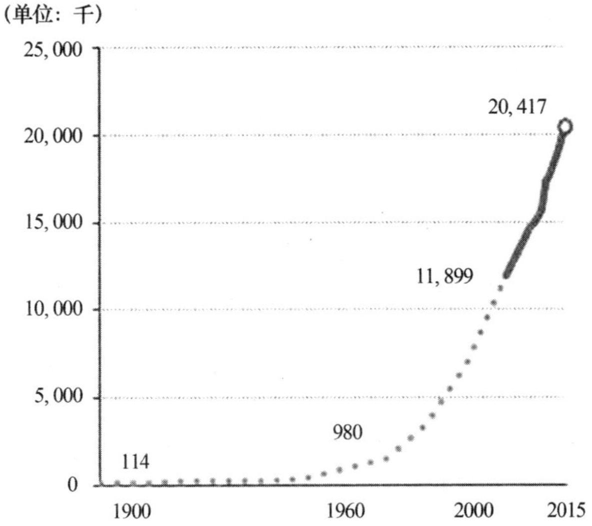

图 3—1　亚裔数量 2000 年以来增长了 72%①

来源：美国人口普查局。

表 3—1　2015 年亚裔美国人人口总数及构成②

所有美国亚洲人	20416808
中国人	4948000
印度人	3982000
菲律宾人	3899000
越南人	1980000
韩国人	1822000
日本人	1411000
巴基斯坦	519000
柬埔寨人	330000

① 在 2000 年及以后，亚洲人包括混血儿和混血族群，不论西班牙裔血统。2000 年之前的人口普查只允许选择一个种族类别。1980 年及更早时期，亚洲人包括太平洋岛民。

② Source：Population estimates from U. S. Census Bureau，2015 American Community Survey 1 – year estimates（American Fact Finder）．“Key facts about Asian Americans，a diverse and growing population” by Gustavo LÓPEZ，Neil G. Ruiz AND Eileen Patten，http：//www. pewresearch. org/fact – tank/2017/09/08/key – facts – about – asian – americans/（上网时间：2018 年 9 月 8 日）

续表

所有美国亚洲人	20416808
苗族人	299000
泰国人	295000
老挝人	271000
孟加拉国人	188000
缅甸人	168000
尼泊尔人	140000
印尼人	113000
斯里兰卡人	60000
马来西亚人	30000
不丹人	24000
蒙古人	21000

（二）亚裔精英

基于亚裔族群人口基数的不断增长，加之亚裔族群在美国的不懈努力，美国社会各领域、各行业都出现一批亚裔精英，这些精英的出现不但反映了亚裔族群对美国社会的贡献，也显示出亚裔族群融入美国主流社会的成果。

在商业领域，有华裔女设计师王薇薇、绘图芯片公司NVID的创始人之一黄仁勋、雅虎创始人之一杨致远、太阳电脑创始人之一印度裔文诺德·科斯拉（Vinod Khosla）、Youtube创始人之一陈士骏等；

在政治领域，有日裔联邦参议员及临时参议长丹尼尔·井上、美国前驻华大使骆家辉、前劳工部长赵小兰、能源部长朱棣文、路易斯安那州州长印度裔的鲍比·金达尔、前联邦运输部部长诺曼·峰田等；

在新闻传媒领域，有美国最高身价华裔女主播宗毓华、CNN印度裔节目主持人兼时代周刊主编的法里德·扎卡利亚等；

在军事领域，有美国前陆军参谋长及美国退伍军人事务部长艾力·新关上将、美国首位华裔将军傅履仁少将，前太平洋总部司令哈里·哈里斯上将等；

在科学研究领域，有诺贝尔奖得主华裔物理学家杨振宁、李政道，女物理学家吴健雄、数学家丘成桐、化学家钱永健，出生于澳大利亚的数学天才陶成轩等；

在航天领域，有日裔宇航员、挑战者号遇难者之一鬼塚承次、印度裔女宇航员及哥伦比亚号遇难者之一卡尔帕娜·乔拉、首位华裔宇航员王赣骏等；

在体育竞技领域，有首位亚裔职业篮球职业选手三阪亘、NBA 球员林书豪、橄榄球运动员周友贤、首位获得奥运金牌的亚裔运动员米·李等；

在大众娱乐领域，有首位亚裔电影明星黄柳霜、武打明星李小龙、越南裔女演员李美琪、韩裔演员约翰·赵等；

这些亚裔精英在美国社会产生广泛影响，对改善亚裔族群形象，促进亚裔族群的平等权利等方面都发挥了一定作用。

（三）社会经济影响

首先，持续进入美国的亚洲人口为美国劳动人口数量的增长与质量的提升做出贡献。2016 年美国社区调查数据显示，在美国 25 岁以上的人口中，52.3%的亚裔人拥有学士及更高学历，87.2%的亚裔拥有至少高中毕业证书或同等学历以上。[①] 因而，亚洲新移民更多地出现在专业技术、专业服务和管理岗位上，而非传统的体力劳动岗位。同时，亚裔还创立了很多公司，创造了很多工作岗位，在商业批发与零售、住宿与餐饮、医疗和社会救助、技术服务以及制造业等方面为促进美国国际贸易、活跃美国国内市场等方面做出重要贡献。美国人口统计局 2002 年进行的商业雇主调查（Survey of Business Owners）数据显示，亚裔美国人设立了 110 万家公司，商业利润达 3267 亿美元，雇佣了 220 万人。美国人口普查局公布的数据显示，从 2002 年到 2007 年间，亚洲裔美国人拥有的美国企业数量增

① “Asian - American and Pacific Islander Heritage Month：May 2018”，United States Census Bureau，May 1，2018 Release Number CB18 - FF.04. https：//www.census.gov/newsroom/facts - for - features/2018/asian - american.html（上网时间：2018 年 9 月 8 日）

加了40.4%，达到150万，增幅超过全国的2倍。这些业务还产生了5076亿美元的收入，比2002年增长了55.4%。人口普查局副局长托马斯·麦森伯格（Thomas Mesenbourg）说，“亚洲企业仍然是我们国家经济中最强大的部分之一，2007年销售额超过5万亿美元，雇用超过280万人”①。总体上看，随着亚裔美国人职业范围的扩大和在经济领域作为空间增大，亚裔美国人在美国社会扮演的角色也会越来越重要。

2. 参与政治情况

亚裔美国人参与政治和其政治地位有一个逐渐提高的过程。1965年以前，亚裔美国人的政治参与主要集中于争取移民和公民权利。他们通过组建移民社团，反对种族歧视，成立政治性社团争取公民利益，组建或加入劳工组织，争取亚裔美国人的经济权益，此外还通过司法手段反对美国对亚洲移民的歧视。② 1965年后，泛亚裔政治性组织开始出现，关心的议题更加广泛。特别是20世纪90年代以后，亚裔美国人参加政治选举人数不断上升，1990—2000年，美国亚裔登记参加选举的人数从1503212人增加到2468587人，参加选举的人数也从1074479人发展到2042414人。③一批政治精英进入政治舞台，给亚裔参与美国政治增添了很多显性色彩。如在20世纪90年代，加州选出华裔财务长，华盛顿州选出华裔州长骆家辉，俄勒冈州的吴振伟被选为美国国会众议员。2000年后，亚裔参政又登上新台阶，赵小兰和峰田同时在布什政府担任阁员，南北加州也选了4位亚裔州众议员。布什还任命了国防部副部长朱恩九、司法部助理副部长丁越、洛杉矶联邦检察长杨黄金玉、驻联合国代表团官员徐西泉等，布什主政期间，共有70余位华裔进入美国政府高层。在现任联邦政府及内阁机构中，华裔赵小兰出任交通部长（2021年1月辞职）、印裔维尔玛将掌管医保系统。特朗普总统也先后任命了8位印度裔执掌政府重要部门，其中担任常驻联合国代表的妮基·黑莉曝光率最高。在民主党阵营，也有5位印度裔现任联邦参议院和众议院的议员，其中最有名的是卡马拉·哈里

---

① 数据来源为美国人口调查局，U.S. Census Bureau，“Census Bureau Reports the Number of Asian – Owned Businesses Increased at More Than Twice the National Rate”，https：//www.census.gov/newsroom/releases/archives/business_ownership/cb11 – 74.html（上网时间：2018年9月8日）

② 潘亚玲：《亚裔美国人游说与中美关系》，辽宁人民出版社2014年版，第92 – 95页。

③ 陈奕平：《当代美国亚裔参政问题分析》，《世界历史》2005年第4期。

斯，她的中文名字叫贺锦丽。

四、亚裔美国人的未来

根据分析，美国人口的未来发展将总体上呈白人占比下降，其他族裔逐步上升的趋势。有预测显示，亚裔族群人口在2050年将达到美国总人口的9%左右，而美国白种人所占比例将会跌至50%左右。从未来人口比例看，美国白人人口相对下降，会进一步压缩白人至上主义的施展空间，给其他少数族裔腾挪出发展的舞台。但从美国白种人对美国政治、经济、金融、高科技、军事、司法等领域的优势地位和资源控制角度看，人口比例的变化未必会带来其他社会生活和政治生活领域的相应变化，白种人将会继续主导美国社会的主流宗教和价值观念，引导美国社会的发展方向，主导美国社会的各领域实践活动。白人至上主义不会随着人口比例变化自动变革、沉寂或消失，只会以各种各样的新形式存在和发展着。

此外，亚裔族群自身的复杂性也将继续影响亚裔作为整体的作用发挥，如亚裔族群贫富两极分化导致的内部歧视问题，亚裔来源地区文化观念和政治认同差异巨大的问题，新移民和本亚裔的身份认同差异等问题，以及美国与亚洲国家关系的友好程度问题。但无论如何，亚裔美国人在美国社会150多年所遭受的不公正、不平等对待以及他们成长发展的实践表明，亚裔美国人进入了美国，也就选择了美国方式，唯有自强不息，才能在美国社会占据自己应有的一席之地。

美国拉丁裔的历史与现状

胡 俊*

拉丁裔美国人又称西班牙裔美国人（英文表述中通常将 Latino Americans 与 Hispanic Americans 交替使用）指的是从拉丁美洲和西班牙移居到美国的移民及族群，包括所有在美国自称拉丁裔或西裔的人群，不论其是否是与别的种族通婚的后代。截至 2016 年，拉丁裔美国人口总数约为 5747 万，约占美国总人口的 17.8%；其中墨西哥裔美国人口总数约为 3626 万，约占美国总人口的 11.2%。

从 1980 年起，美国人口调查局将西班牙裔（Hispanicity）作为族群（ethnicity）选项加以分类，区别于种族（race）。2010 年的美国人口普查显示，拉丁裔美国人来自的国家包括阿根廷、古巴、哥伦比亚、波多黎各、西班牙、多米尼加、墨西哥、哥斯达黎加、危地马拉、洪都拉斯、尼加拉瓜、巴拿马、萨尔瓦多、玻利维亚、智利、厄瓜多尔、巴拉圭、秘鲁、乌拉圭和委内瑞拉，其中，以墨西哥裔人口最多，占拉丁裔美国人总人口的 63%；第二位是波多黎各人，占拉丁裔美国人总人口的 9.2%。拉丁裔美国人按种族划分，属于白种人（white Hispanics）的占所有拉丁裔美国人的 53%，属于其他种族的占 36.7%，属于两种或更多种族的占 6%，属于黑人的占 2.5%。

按种族分类，拉丁裔美国人中有超过一半的人口属于白人，那么拉丁裔在美国大多是否是享有白人权力的主流阶层呢？答案并不是，他们反而是白人至上主义的受害者。越来越多的学者倾向于认为，拉丁裔美国人

* 胡俊，北京语言大学外国语学部英语学院教授，北京语言大学美国加拿大研究中心（教育部备案）研究人员。

"既不黑也不白"，这样的"夹心"阶层在美国社会的处境变迁，是值得我们关注并思考的。

美国田纳西大学法学院教授弗朗西斯·李·安斯利曾就白人至上主义做出如下定义："关于'白人至上主义'，我并不想单单暗指白人至上主义仇恨团体的自觉种族主义，我指的是白人在政治、经济和文化体系中所享有的具有压倒性的控制权力和物质资源，有意识和无意识的白人至上和权力的观念已经广泛传播，白人的统治和非白人的受支配之间的关系已经在日常一系列广泛的机构和社会构成中得到重现。"

正如安斯利所言，白人至上主义并不是一种某一团体带来的种族主义，而是已经渗透在美国社会各个阶层方方面面潜移默化的约定俗成，白人更容易享有的优越地位和资源，非白人更容易被剥夺机会，遭受不公正的待遇。所以，在探讨拉丁裔美国人的状况时，应该从拉丁裔在美国经历的政治、经济等地位的变迁来全面衡量。

本章将简要梳理拉丁裔美国人的发展状况，并以墨西哥裔美国人为重点，阐述其与白人至上主义之间的变化关系，墨西哥人的自我认知身份从白人到有色人种的转变，折射出拉丁裔美国人作为美国特殊的族群争取自身权利的曲折与艰辛。特朗普政府上台后，其在竞选期间对墨西哥等拉美国家的不友善言论正在逐步兑现，拉丁裔的未来依旧充满挑战。

一、族裔历史

（一）拉丁裔美国人口数量变化

加州大学圣地亚哥分校历史学教授大卫·古铁雷斯在《对拉美移民和美国人口转变的历史回顾》一文中指出，美国拉丁裔的爆发性增长是多种因素导致的，这些因素包括国内、地区和全球性的经济发展，美国军事历史，西半球的外交政策，错综复杂是的边境执法和禁令，以及拉丁裔移民本身的意愿等。从美国皮尤研究中心的4个统计表中，可以直观地感受近些年拉丁裔人口的增长趋势。

表4—1 拉丁裔美国人口数量 （单位：百万）

年份	人口
1970	9.6
1980	14.5
1990	22.6
2000	35.7
2010	50.8
2016	57.5

表4—2 各族裔人口占美国总人口比例

年份	白人	其他	亚裔	黑人	拉丁裔
1960	85.2%	0.2%	0.6%	10.5%	3.5%
1970	83.1%	0.4%	0.9%	10.9%	4.7%
1980	79.6%	0.8%	1.5%	11.6%	6.5%
1990	75.8%	1.0%	2.7%	11.8%	8.8%
2000	69.1%	2.8%	3.6%	12.0%	12.5%
2006	66.2%	2.5%	4.3%	12.2%	14.8%
2007	65.8%	2.6%	4.3%	12.1%	15.0%
2008	65.4%	2.7%	4.4%	12.1%	15.4%
2009	64.9%	2.8%	4.4%	12.1%	15.7%
2010	63.7%	3.0%	4.7%	12.3%	16.4%
2011	63.3%	3.1%	4.8%	12.3%	16.7%
2012	62.8%	3.1%	4.9%	12.3%	16.9%
2013	62.4%	3.2%	5.0%	12.3%	17.1%
2014	61.9%	3.2%	5.2%	12.3%	17.3%
2015	61.5%	3.3%	5.3%	12.3%	17.6%

表4—3 拉丁裔美国人口增长来源 （单位：百万）

年份	出生于美国	移民
1970—1979	3.1	3.1
1980—1989	4.4	5.6
1990—1999	7.0	8.1
2000—2009	9.6	6.5
2010—2015	5.0	1.9

表4—4　2015年各族裔年龄中位数　（单位：岁）

总计		男	女
拉丁裔	28	28	29
出生于美国	19	19	20
出生于海外	42	41	43
白人（非拉丁裔）	43	41	44
黑人（非拉丁裔）	34	32	35
亚裔（非拉丁裔）	36	35	38
其他（非拉丁裔）	23	22	24
总计	37	36	39

从皮尤研究中心的四份统计数据可以发现，拉丁裔美国人从1960年仅占美国总人口的3.5%增长到2015年的17.6%，人口数量的增长和占总人口比例的增长都十分迅速；与之相对的是，非拉丁裔白人的所占比例在逐年下降。1980—2000年，拉丁裔人口的增长主要依赖移民的进入，从表中我们可以看到移民人口数大于美国本土出生人数；自2000年以后，主要的拉丁裔人口增长来自美国本土出生，有500万人，而移民仅有190万人。目前拉丁裔也是美国几大族裔中最年轻的族裔，总体中位数年龄为28岁，出生于美国和海外的拉丁裔之间存在着巨大的年龄差，美国本土出生的拉丁裔中位数年龄为19岁，移民过来的拉丁裔中位数年龄为42岁。本土出生的拉丁裔年轻人口较为庞大，所以未来拉丁裔人口还将保持增长的趋势。

据美国人口调查局的报告预计，至2060年，拉丁裔占美国总人口比将达到31%，而非拉丁裔的白人比例将下降至43%，两者之间的人口数量差距在迅速拉近；至2060年，拉丁裔年龄中位数为34岁，而非拉丁裔白人的年龄中位数为47岁。这些都与拉丁裔的高生育率、低龄化和非拉丁裔白人的低生育率、高龄化密切相关。该报告还预计，至2018年，18岁以下的少数族裔将在数量上成为“多数族裔”；至2043年，少数族裔整体将在数量上成为“多数族裔”。造成这一趋势的一大原因便是拉丁裔的高生育率。

在白人眼中，拉丁裔的人口持续增长使美国人口分布产生了巨大变化，并且这种趋势还将持续，随着彼此之间在总人口中百分比差距的接近，白人觉得自身的主流地位受到威胁，因而对拉丁裔的排斥心理有加剧的趋势。

（二）拉丁裔进入美国的历史回顾

拉美各国移民潮发生在不同时期，受政治、经济等多种因素的影响。

美墨战争（1846—1848 年）结束之后，据两国签订的《瓜达卢佩－伊达尔戈条约》规定，墨西哥割让超过 1/3 的国土给美国，包括美国现在的加利福尼亚州、内华达州、犹他州、亚利桑那州、新墨西哥州、科罗拉多州、得克萨斯州等，原先生活在这些地区的 7.5 万—10 万墨西哥人成为美国人。

除了加州淘金潮中大约 1 万名墨西哥矿工进入加州，整个 19 世纪中后叶从墨西哥前往美国的移民并不多。19 世纪末，由于美国西部基础设施建设需要大量劳工，10 万墨西哥人到美国工作。其后 1910 年墨西哥大革命，大量墨西哥人越过边境进入美国，这个趋势一直持续到 1930 年左右。1941 年美国参加一战以后，国内劳动力短缺，美墨两国领导人在 1942 年签订《紧急农业劳工协定》。战后，类似的劳工协议仍然继续着，直到 1964 年劳工项目（Bracero Program）被废除，共有累计 500 万人参与过这个项目。劳工项目催生了墨西哥到美国的移民，随着到美国参与短期劳工的墨西哥工人的增加，墨西哥人对美国的劳动力市场和就业状况开始有所了解，20 世纪 50 年代和 60 年代，墨西哥到美国的合法移民分别增加到 21.9 万和 45.9 万。与此同时，非法移民也开始大量通过美墨边境涌入，数量约为合法移民数量的 2 倍。至 1960 年，在美的墨西哥裔人数量约为 400 万。1964 年墨西哥合法劳工项目结束后，大量墨西哥非法劳工开始进入美国，有些合法劳工在合同结束后没有回国，自然也成为非法工人。1973 年阿拉伯石油危机进一步搅动了美国劳动力市场，合法和非法劳工一齐进入，一系列新自由经济改革加入，经济结构重组，美国劳动力市场原先相对稳定的高工资、高福利工作逐渐压缩为低工资、低福利工作，墨西哥劳工的权益受到明显影响。20 世纪 80 年代中期，墨西哥内部债务危机、货币贬值，加上自然灾害如地震等，促使更多墨西哥人进入美国。

1898 年美西战争后，波多黎各被西班牙割让给美国，作为美国“未合并的领土”。1917 年，美国国会通过《琼斯法案》，波多黎各岛民成为美国公民。

20 世纪 60 年代后出现三波古巴移民潮：1959 年古巴政治革命后大批古巴人进入美国；1965 年至 70 年代早期，古巴政府允许有意愿与在美国的亲人团聚的古巴人赴美；80 年代马列尔事件后又有大量古巴人赴美。至 2010 年，在美的古巴裔有 178.6 万人。

20 世纪七八十年代，拉丁美洲的政治动乱频仍，中美洲国家如萨尔瓦多、危地马拉、洪都拉斯和尼加拉瓜等为美国贡献了不少拉丁裔移民。至 1990 年，中美洲移民数达到 132.4 万人。拉美一些国家深陷债务危机，进行不同程度的经济结构调整，调整的结果是由此前男性劳动力移民为主逐渐转变为更多的女性和儿童加入移民队伍，性别比例逐渐趋于平衡。

同时，南美洲的阿根廷、智利、哥伦比亚、秘鲁、厄瓜多尔等国的高学历、高技能人才也开始进入美国，寻找更好的发展机会。与墨西哥移民普遍低学历不同，南美洲移民拥有本科学历的高达 30%—40%。21 世纪的前十几年，南美洲移民数量也呈快速增长之势。

20 世纪 90 年代中期，《北美自由贸易协定》和《中美自由贸易协定》的签订，加速了美国与拉美众多国家的贸易往来，使得大量美国本土制造业转移到劳动力更低廉的拉美地区，同时合法和非法移民的进入也一直持续至今。

（三）墨西哥裔美国人从白人到有色人种的策略转变

作为占拉丁裔比重最大的墨西哥裔美国人，与白人之间的关系经历了从向白人同化到坚持自己有色人种特性的转变，部分学者认为，这种转变带有强烈的实用主义倾向。

1. 墨西哥裔的白人同化策略

1848 年美墨战争结束后两国政府签订的《瓜达卢佩－伊达尔戈条约》给予了在新美国领土的墨西哥人美国公民身份，而且允许墨西哥人以白人身份生活，也有入籍的资格。1876—1965 年，美国南部及各州以及边境各州对有色人种实行种族隔离制度，被称为《吉姆·克劳法》（Jim Crow Law）。这些法律上的种族隔离强制公共设施必须依照种族的不同而隔离使用，且在隔离但平等的原则下，种族隔离被解释为不违反宪法保障的同等保护权，因此得以持续存在。墨西哥裔也是种族隔离制度的受害者，如果说黑人遭受的是法律认可的种族隔离，那么墨西哥裔遭受的是事实上的种族隔离，他们遭受了限制性房屋契约、就业歧视、与白人就读不同的学校等不公待遇。

尽管在法律意义上，墨西哥人属于白人，但在当时美国西南部的盎格鲁人眼中，墨西哥人并不是白人，虽然他们也不属于黑人。《瓜达卢佩－伊达尔戈条约》对墨西哥人原先拥有的财产权予以保护，但美国白人通过创建和操纵正式的法律机制和程序，将这个权利从墨西哥人手中剥夺了。正如一位得克萨斯州的农民所言："我们对墨西哥人和黑人差不多，只不过程度稍轻些。"南卫理公会大学法学院教授乔治·马丁内斯（George A. Martinez）在《墨西哥裔美国人与白人》一文中指出，由于法律上通常认为墨西哥裔美国人为白人，大家也会想当然地以为在日常生活中墨西哥人也会享有白人的优越地位，但事实并非如此。墨西哥裔美国人不仅没有享受到白人的优待，反而像非裔美国人一样受到歧视。历史学家戴维·韦伯（David J. Weber）也写道："盎格鲁美国人找到另一个可以歧视墨西哥人的因素：种族的混合。到访墨西哥边境的美国人一致认为墨西哥混血人种的深肤色继承了西班牙人和印第安人最劣等的品质，这样产生的种族比他们的双亲中任何一位都更加可鄙。"

1929 年联合拉美公民联盟（LULAC）成立，在 1960 年以前，该组织主要帮助城市工人阶级和中产阶级的墨西哥裔用于争取自己的平等权利，而他们采取的手段是与黑人画清界限，向白人同化。正如黑人作家托尼·莫里森（Toni Morrison）《在黑人的背上》一文中所言，"在讨论种族问题时，承认美国黑人是真正的异类这一点往往是进入美国主流的途径。"

墨西哥裔在此期间认同白人至上主义，他们认同白人在社会生活中享有的优越地位和优势，希望自己成为享有这一优势的一员，虽然法律赋予他们这样的权利，但他们依然受到实际上的不公正差别待遇，因而他们为了捍卫自己的基本权利，妥协于白人至上主义。

2. 墨西哥裔的有色人种策略

20 世纪 60 年代，美国民权运动兴起，墨西哥裔受到当时同样处于争取权利过程中的黑人、亚裔、妇女运动等的影响，开始与少数族裔和弱势群体结成一定意义上的联盟，一起争取自己的权益。民权运动取得一定成效，1964 年美国国会通过《民权法案》（Civil Rights Act，1964），规定美国境内不得采取种族隔离，对黑人、少数族裔和妇女的歧视性行为被视为非法，它结束了美国立国以来长期存在于学校、工作场所及公共领域中的黑白种族隔离政策。

《民权法案》的通过是墨西哥裔美国人追求完全公民权益的分水岭。自此，以联合拉美公民联盟为代表的拉丁裔民权组织开始转变维权策略，他们不再仅仅代表拉丁裔美国人，也代表着整个在美国的拉丁裔阶层，不论是美国公民，还是永久居民，甚至是非法逗留者，会员范围也从城市工人阶级和中产阶级扩大到各阶层。当时合法劳工项目刚刚结束，大量非法劳工产生，对非法移民的权益的保护也是拉丁裔民权组织的重要任务。他们不再妥协于白人至上主义，而是开始明确自己的种族特性，并以此捍卫自己的权益，抵抗白人至上主义带来的歧视和不公正。

二、民权运动后的情况

虽然 20 世纪 60 年代的民权运动唤醒了拉丁裔的种族意识，也带来了上文提到的对白人立场的改变，但拉丁裔尤其是墨西哥裔在美国白人眼中被视作“他者”和“异族”的偏见，在短时间内还是难有本质上的变化。

（一）奇卡诺运动及其影响

在美国社会运动风起云涌的 20 世纪 60 年代，拉丁裔美国人也深受其他种族，特别是黑人，争取自己平等权利的鼓舞，占拉丁裔人口大部分的墨西哥人于 1968 年发起奇卡诺运动，争取本民族自由和平等权利。

在奇卡诺运动之前，墨西哥裔美国人与黑人遭受着类似的种族隔离制度，二战后美国经济进入飞速增长时期，白人移民纷纷实现了“美国梦”，而其他族裔的生活却并未得到改善。20 世纪 60 年代的美国，从反越战运动到黑人民权运动，再到妇女解放运动，浓厚的社会运动氛围为奇卡诺运动的产生奠定了社会基础。

随着奇卡诺运动的爆发，活动家们开始重新界定自己的身份，强调墨西哥文化、历史、语言的重要性，并重回“阿兹特兰”精神，这是奇卡诺人象征性的王国。他们宣告："我们是古铜色的民族，拥有古铜色的文化。在世界面前，在所有北美国家面前，在众多生活在古铜色大陆上的兄弟姐妹面前，我们是一个民族，我们是所有操西班牙语的自由人的共同体，我们是'阿兹特兰'。"在这个运动中，墨西哥裔美国人通过强调自己的独特性，并将这种反抗白人压迫的精神与其他受到不平等待遇的黑人、亚裔等产生共鸣。

卡奇诺运动不仅重新唤回了墨西哥裔的凝聚力，从其口号中，我们可以看到，卡奇诺活动家也将所有说西语的拉丁裔都号召在一起，共同构造这个共同体。同时，该运动不仅为已经成为美国公民的墨西哥人争取权利，也逐步意识到非法移民的权力与整个族群权益的关系。针对 1977 年卡特政府对非法移民的指责，墨西哥裔美国人立即对此表示抗议，并召开第一届奇卡诺—拉美国家关于移民和公共政策大会。大会通过一系列决议，要求对已经在美国的非法移民实行无条件大赦，并将宪法权利授予在美国居住的异邦人。通过为非法移民争取应有的权益，墨西哥裔也逐渐意识到这是他们保护自己的方式。

（二）种族归纳

尽管拉丁裔已经团结起来以少数族裔的身份为自己的权益而发声，但与黑人类似，拉丁裔特别是墨西哥裔依然是遭受种族归纳（racial profiling）最严重的少数族裔之一，他们受到警察、边境执法等部门的不公正甚至暴力待遇，而遭受这些待遇的有拉丁裔的非法移民，也有拉丁裔美国公民和永久合法居民，他们无一例外地受到这种不公正待遇，仅仅是因为他们的族裔特征。

拉丁裔是"Driving While Brown"的受害者，这指的是拉丁裔在开车过程中会被警察无故拦下的现象。虽然在知名的 1975 年美国诉布里尼奥尼·庞塞（United States V. Brignoni – Ponce）案中，最高法院判定盘问的警察违反了第四修正案，巡逻车辆中的警察只有在有确凿事实依据时才能合理怀疑车内人有违法行为，而非只依据其族裔特征，但近年来类似案件依然在不断发生。例如，亚利桑那州马里科帕县的司法机构曾遭到美国司法部的投诉，原因是 2012 年该县行政司法官助理拦停拉丁裔司机的次数是其他族裔司机的 4—9 倍，而有时候这些司机并没有明显地违反交通法规，被拦停仅仅是为了扣留他们一段时间。

拉丁裔也是边境巡逻暴力执法的受害者，一些合法移民也因其族裔问题而在边境受到盘问，非法移民更是有受到暴力执法的危险，案件层出不穷。如 2010 年发生的墨西哥公民安纳斯塔西奥·赫南德兹·罗哈斯（Anastasio Hernúndez Rojas）致死案，边境警察涉嫌过度使用武力将其驱逐出境。该案在 2017 年 2 月以美国向受害者家属赔偿 100 万美元告终，而涉事警察并没有受到处分或被开除。

（三）拉丁文化与美国主流文化的隔阂

美国当代政治学家亨廷顿（Samuel Hantington）在《文明的冲突与世界秩序的重建》一书中讲道："虽然拉丁美洲文明是欧洲文明的后代，但它却是沿着非常不同于欧洲和北美的道路演进的。它具有社团主义的、独裁主义的文化，而这种文化在欧洲的程度要小得多，在北美则根本不存在。欧洲和北美都感受到宗教改革的影响，并且把天主教和新教文化结合在一起。从历史上看，虽然可能会有所变化，但拉丁美洲一直是天主教的世界。拉丁美洲文明结合了一些本土文化，这些文化不曾存在于欧洲，在北美也已被有效地消灭，而以墨西哥、中美、秘鲁和玻利维亚为一方和以阿根廷和智利为一方之间有重大的差异。拉丁美洲的政治演变和经济发展与流行于北大西洋国家的模式大相径庭。"

以亨廷顿为代表的美国白人精英阶层很明显地视拉丁裔源文化（拉丁美洲文明）为异类，认为拉丁文明与白人为主流的欧美西方文明有着诸多不可调和的矛盾，如宗教的不同、对个人主义推崇的不同等。亨廷顿的文明冲突论也很好地解释了拉丁裔在美国融入主流生活之难，虽然这个问题在一代代拉丁裔在美国生存下去之后可能会有所淡化，因为他们可能会与别的族裔通婚，新一代拉丁裔也有部分会很接受个人主义、新教等这些西方文明的元素，但在白人话语依然占主导的美国当下，在文明冲突依然视作世界问题范式的今天，拉丁裔要在白人至上主义的框架内寻求相对均衡的机会和控制权，仍然充满了艰辛。

三、特朗普上台后的情况

特朗普自参加竞选开始，其执政理念便是白人至上主义。萨塞克斯大学现代美国历史教授克莱夫·韦伯（Clive Webb）认为，特朗普的执政将种族话语从边缘纳入到主流，以往的政治家还会玩点文字游戏，用法律和秩序这些虚的概念来代替明言种族问题，而特朗普将这层网撕去了，这种直白的表达对极右翼极具吸引力，同时也使这种话语有了合法地位。特朗普的种族话语中，关于拉丁裔，特别是墨西哥人的言论很多，大多并不友好。在竞选期间，特朗普在接受《华尔街日报》采访时曾因特朗普大学案审理法官贡萨洛·库里尔（Gonzalo P. Curiel）的墨西哥移民家庭背景，而称与其有“绝对的冲突”。特朗普上台后，正如其竞选期间所言，在修建墨西哥边境墙和对待非法移民等方面政策力度不小。

（一）美墨边境墙

特朗普在竞选演说中，提到最多、最令人印象深刻的便是在美墨边境修建边境墙，并且此工程将由墨西哥来买单。很多人都对墨西哥政府付钱这件事不以为意，但这些言论确实在墨西哥境内引起不小的反响，影响民众对美国的意见，也恶化了两国之间的关系。

关于修边境墙这件事，特朗普政府曾提议在2018财年增加补充资金，在接下来的10年内投入180亿美元修建509千米新护栏并修复其他的655千米，这样将完成两国间未完成的约3219千米的边境线的一半。

同时，有报道称特朗普政府将为200万非法移民提供公民权用于换取对修建墨西哥边境墙的经费支持，特朗普政府认为此举是在移民政策上做出巨大的让步，因为特朗普原先对于奥巴马时代的DACA政策持否定态度（即这些非法移民进入美国时是儿童，在此政策下他们不会被驱逐出境）。而针对此举，民主党反对的声音认为，这些被称为梦想者的儿童不应成为特朗普用作修建毫无意义的边境墙的筹码，同时也有年轻移民组织称，此举只是在极右翼和另类右翼之间做妥协罢了。

（二）对非法移民的政策变化

特朗普在竞选总统时，曾多次对美国的墨西哥人出言不逊，扬言他上台后要遣返所有在美国的墨西哥非法移民。据皮尤研究中心的数据显示，截至2016年，在美国的非法移民约1120万人，占美国总人口的3.5%，其中墨西哥非法移民约580万，占非法移民总数的52%。

特朗普曾在竞选中承诺要抓捕并驱逐300万有犯罪记录的非法移民（拉丁裔占大部分）。2017年1月25日，特朗普签署行政命令，将要被遣返的非法移民群体范围较奥巴马时代有大范围扩大，包括有犯罪记录的和可能引起犯罪的非法移民，都被列入被遣返的对象。

2017年1—8月，美墨边境非法移民拘捕量较2016年同期下降大约一半，在近年来边境拘捕量已经呈下降趋势的情况下，特朗普发表相关言论之后，拘捕量下降更为明显，虽然实质上的边境执法并没有增加。这表明本身企图穿越边境进入美国的非法移民对特朗普政权下的边境执法力度有所畏惧，因而出现这种趋势。

同时，特朗普政府也将结束奥巴马时代那些有可能鼓励非法移民进入的一系列移民政策，如中美洲儿童难民与假释项目，该项目在奥巴马时代允许在美国有合法身份的父母为其在厄瓜多尔、危地马拉和洪都拉斯的子女寻求难民安置。2014年11月至2017年8月间，有超过1500名儿童和家庭成员通过该项目以难民身份到达美国。

总体来看，特朗普对待移民特别是非法移民的政策，远没有奥巴马时代宽容，他将杜绝一切意图鼓励非法移民进入美国的政策，哪怕有些政策是为了保护弱势群体，如难民、儿童等。这样的政策正中白人至上主义者的下怀，他们本就不希望自己的控制地位受到外来者的动摇，更不用说有些外来者还身份不明了。

综上所述，由于政治、经济等多重因素，20世纪以来大量拉丁裔移民进入美国，其中墨西哥裔数量最多。他们与当年因为美墨战争土地割让而成为美国人的墨西哥裔一道，多年来为捍卫自己的权益而斗争着。从早年种族隔离时期向白人同化妥协，到奇卡诺运动之后以自己族裔的身份来团结所有阶层，为所有拉丁裔美国公民、永久居留者和非法移民争取应有的权益，在白人至上的美国，这样的反抗还将继续下去。

一方面，当前美国主流文化依旧将拉丁文化视作外来者，拉丁裔遭受了警察、边境执法方面十分严重的种族归纳；另一方面，由于拉丁裔的高生育率和相对年轻化，白人对其的敌视也是出于恐慌。正因如此，以白人至上主义者姿态出现的特朗普登上了总统宝座，其就职以来，美墨边境墙的修建、对非法移民的驱逐、对弱势移民宽松政策的收紧等政策紧锣密鼓地进行着。这种白人为守住其优势地位和控制权的力量与拉丁裔为争取自身平等权益的力量，无论是话语的营造还是实际政策的操作，两者互相胶着的过程将会继续下去。

参考文献

Ansley, Frances Lee, "Stirring the Ashes: Race, Class and the Future of Civil Rights Scholarship", *Cornell Law Review*, Vol. 74, Issue 6, Sept. 1989.

Flores, Antonio, et al. , "Facts on U. S. Latinos, 2015 – current data". Pew Research Center. http: //www. pewhispanic. org/2017/09/18/facts – on – u – s – latinos/.

—. "How the U. S. Hispanic population is changing". Pew Research Center. http: //www. pewresearch. org/fact – tank/2017/09/18/how – the – u – s – hispanic – population – is – changing/.

Gutiérrez, David, "An Historic Overview of Latino Immigration and the Demographic Transformation of the United States". https: //www. nps. gov/heritageinitiatives/latino/latinothemestudy/immigration. htm.

Limerick, Patricia. *THE LEGACY OF CONQUEST*. W. W. Norton & Company, 1988.

MacLean, Nancy, "The Civil Rights Act and the Transformation of Mexican American Identity and Politics", *Berkeley La Raza Law Journal*, Vol. 18, Article 10, 2007.

Martinez, George, "Mexican – Americans and Whiteness", *CRITICAL RACE THEORY: THE CUTTING EDGE*, edited by Richard Delgado and Jean Stefancic. Temple University Press, 2013.

Morrison, Toni, "On the Backs of Blacks", *Time*, Dec. 02, 1993.

Nittle, Nadra Kareem, "Racial Profiling and Police Brutality Against Hispanics," Feb. 20, 2018.

https: //www. thoughtco. com/racial – profiling – police – brutality – a-gainst – hispanics – 2834820Ortman, Jennifer, "US Population Projections 2012 – 2060", Presentation for the FFC/GW Brown Bag Seminar Series on Forecas-ting, Feb. 7, 2013. https: //www2. gwu. edu/ ~ forcpgm/Ortman. pdf.

Rosenberg, Mica, "U. S. Ends Program for Central American Minors Fleeing Violence," Reuters, Aug. 16, 2017.

Shugerman, Emily, "White Supremacy still casts a shadow over the Trump presidency after a year of controversy", *Independent*, Jan. 20, 2018.

Spagat, Elliot, "Trump Seeks $18 Billion to Extend Border Wall over 10 Years," Associated Press, Jan. 6, 2018.

https: //apnews. com/7fa49dc692154358b730220a763b8b7c/Trump – seeks – $18 – billion – to – extend – border – wall – over – 10 – years.

Weber, David, *Foreigners in Their Native Land: Historical Roots of the Mexican Americans*. University of New Mexico Press, 1973.

"Trump plan to offer citizenship to 1. 8m undocumented immigrants," BBC News. http: //www. bbc. com/news/world – us – canada – 42825431.

Statistics from United States Census Bureau: "Annual Estimates of the Resident Population by Sex, Race, and Hispanic Origin for the United States, States, and Counties: 2016 Population Estimates", Jul. 1, 2016.

US Census Bureau 2016 American Community Survey B03001 1 – Year Es-timates HISPANIC OR LATINO ORIGIN BY SPECIFIC ORIGIN.

"The Hispanic Population 2010 Census Brief: Table 1." Hispanic or Lati-no Origin Population by Type: 2000 and 2010", May 2011.

"Overview of Race and Hispanic Origin: 2010".

钱浩:《美国20世纪60年代"奇卡诺运动"探微》,《世界民族》2001年第3期。

Jon Gjerde, Majer Problems in American Immigration and Ethnic Histo-ry. Houghton Mifflin Company, 1998.

[美]塞缪尔·亨廷顿,周琪、刘绯、张立平、王圆译:《文明的冲突与世界秩序的重建》,新华出版社1998年版。

美国犹太裔的历史与现状

孙昊宇*

犹太裔美国人并非来自单一的国家或者文化，而是来自多个国家，且分属不同的文化。在今天的犹太裔美国人中，绝大多数是1880—1920年从俄国、波兰及其他东欧国家移民至美国的犹太人的后代，有1/3的东欧犹太人在这段时期迁到美国。尽管来自不同国家的犹太人存在着文化上的断裂和宗教上的分歧，但他们信奉古代以色列的同一始祖，都有着长期作为少数民族遭受异族敌视的经历。他们在历史上屡遭迫害屠杀，辗转流离，在逆境中历练了自己的智慧和韧性。

所谓白人至上，是一种种族主义的意识形态，主张白色人种族裔优越于其他族裔，在19世纪末到20世纪初盛行于英美等西方国家。信奉白人至上主义的民族主义者认为，应该围绕白色人种建立国民身份，白人应该在国家人口中保持多数地位，以及在公共生活中的主导地位，因此他们也被称为白人民族主义者。

美国历史上的族裔冲突由来已久，正如于海洋所指出的："美国的种族歧视从来不是单独出现的，它基本沿着两条脉络发展，一条是宗教主义的脉络，以打击包括天主教、犹太教、伊斯兰和无神论者在内的异教徒作为自己的使命；另一条则是世俗主义的脉络，以特定族群威胁美国生活方式为由肆意妄为。"

从历史的角度来看，白人至上主义在美国从未消逝。但是作为一种极端的思想和危险的行动纲领，白人至上主义一直被美国主流社会所警惕和

* 孙昊宇，北京语言大学外国语学部英语学院讲师，北京语言大学美国加拿大研究中心（教育部备案）研究人员。

排斥。美国的社会经济状况、人口种族结构以及移民数量等方面一旦出现显著变化，都会加剧对社会经济资源的竞争，对试图维护白人主体地位和优越感的民众产生巨大的心理冲击，从而导致白人至上主义的高涨。

下文将简要梳理犹太裔美国人的发展状况，并以犹太裔美国人为重点，阐述其与白人至上主义之间的变化关系。同时，本章还将讨论犹太裔美国人在美国身份地位和数量等方面的变化，以及其参与美国政治、经济发展，并融入美国社会生活的过程。随着特朗普执政后美国民族主义势力抬头，排外情绪高涨，犹太裔美国人虽同为白人，但并未让美国白人社会对其产生足够的认同感。随着各类暴力事件的频发，反映出美国社会对其态度两极化，宗教上和政治上对其警惕和畏惧仇恨之情绪有所抬头，犹太裔在美国的未来也被蒙上一层阴影。

一、族裔历史

（一）犹太裔美国人口数量变化

犹太文化学者刘洪一曾指出，关于犹太人是谁这个看似简单的问题，是我们无法回避，却又难以界定的。关于美国犹太裔人口的界定，多年来各方学者也莫衷一是。通常来说，信奉犹太教的人被看作犹太人，然而这一界定并不十分严谨。犹太教派别林立，且犹太教后裔改变或放弃宗教信仰者也不在少数。以色列《回归法》认定：母亲是犹太人的人，或者在正统派拉比的主持下皈依犹太教的人是犹太人。2001 年全美犹太人口调查（2000 NJPS）时，认定有下列其一者即是犹太人：信仰犹太教；信仰犹太教和其他宗教；无宗教信仰，但父母至少有一方是犹太人或犹太成长背景；有非一神论的宗教信仰但父母至少有一方是犹太人或犹太成长背景。

根据不同的界定规则，所统计出的犹太裔美国人人口数量也不尽相同。每隔 10 年，美国人口普查局都会做一次大规模的全国人口普查，但是根据宪法政教分离的规则，美国禁止在全国人口调查中涉及宗教，因此美国并没有权威的犹太裔人口统计数据。相对可信的数据可以参考以下几个来源。一个是全美犹太人口调查（the National Jewish Population Survey），2000—2001 年的调查结果显示，美国的犹太人口总数为 520 万，其中有 410 万成年犹太人和 100 万生活在犹太家庭的儿童，另外还有 10 万名生活在组织机构中的犹太人。第二个来源是美国布兰迪斯大学（Brandeis University）专门研究犹太文化、人口的斯坦哈特社会综合研究所（Steinhardt Social Research Institute），该研究所 2016 年的美国犹太人口项目（American Jewish Population Project）估计，美国的犹太总人口为 716 万，这是目前所知对美国犹太人数的最高估计。第三个是皮尤研究中心，该中心在 2013 年从不同维度计算了犹太人口的数量。例如，按照信仰犹太教的人口来计算，犹太人总人口为 420 万，占美国总人口的 1.8%。如果算上那些无宗教信仰，但在文化或者世俗方面认同自己是犹太人的人，人口又增加了 120 万。另外，还有 130 万生长在至少有一方家长是犹太人的家庭中。这样算下来，2013 年在美国一共有 670 万犹太人。

皮尤研究中心的调查显示，犹太裔美国人具有以下几个特点：

（1）学历及收入较高：约有 60% 的成年犹太裔美国人具有大学学历，是美国 29% 的平均水平的近两倍；25% 的犹太人家庭年收入超过 15 万美元，是美国 8% 的平均水平的 3 倍多。

（2）政治立场倾向自由：约有 70% 的犹太裔美国人倾向民主党，是美国族裔中比例最高之一。不过正统派犹太人则比较保守，57% 的正统派犹太人倾向共和党。

（3）宗教信仰程度较低：只有约 25% 的犹太裔美国人认为宗教信仰在自己的生活中很重要，而这个比例在全美国民众中占 50%。

（4）人口结构老龄化：51% 的犹太成年人年龄中位数在 50 岁以上，而美国普通人群中这一比例是 44%。

（5）家庭孩子数量较少：40—59 岁的犹太人家庭平均有 1.9 个子女，而同年龄组美国家庭的平均子女数量为 2.2 个。犹太人中有宗教信仰的家庭平均有 2.1 个子女，而无宗教信仰的只有 1.5 个子女。不过正统派犹太人家庭平均有 4.1 个子女，几乎是全国平均数的两倍。

虽然犹太裔美国人只占美国总人口的 2%，但他们在美国社会的方方面面都发挥着举足轻重的作用。美国获诺贝尔奖的科学家中，有 15% 是犹太裔。国会中 1/10 的参议员是犹太裔，而最高法院大法官中，有 1/3 是犹太裔。《福布斯》全美 400 名富豪排行榜中，有 1/3 是犹太裔。好莱坞、百老汇和全美三大电视新闻网的创立与繁荣发展，都离不开犹太裔美国人的参与。《纽约时报》、《华盛顿邮报》、谷歌和脸书等商业巨头的创办者也是犹太人。今天的犹太裔美国人受教育程度普遍偏高，家庭收入比全美平均水平高72%，是美国的种族中最高的。从某种意义上说，犹太裔是美国成功故事的典型代表人物：在逆境中从一无所有发展到腰缠万贯。

（二）犹太裔进入美国的历史回顾

第一批到达北美殖民地的是塞法迪犹太人（Sefardi），又称西班牙裔犹太人，其中包括借哥伦布发现新大陆的契机逃离西班牙王室大驱逐的西班牙犹太人，以及后来被葡萄牙榨干钱财的葡萄牙犹太人。一般认为，1654年是犹太人定居美国的开端，因为17世纪英国在北美殖民地的政策给了犹太人很大自由。到美国独立战争期间，13个殖民地的犹太人总数约为2000人，其中多数为赛法迪教派，他们善于经商、生活富裕。

19世纪，陆续有大批德国犹太人抵达美国，他们极大扩充了美国的犹太人社区。从1776年到1880年的100年间左右，北美殖民地的犹太人人口从不到3000人增加到50余万人，其中多数为来自德国的犹太移民。到19世纪中期，犹太人已经融入并活跃在美国社会中。

真正大规模的犹太人移民潮来自东欧，始于19世纪80年代。当时犹太人聚居的欧洲地区都为俄国人所占领，沙皇的反犹太主义政策在多地引发骚乱和迫害。其后的40年间，有200万犹太人移居美国，占东欧犹太人的1/3。这批移民中的绝大部分后来都在美国定了居。

在经济上，多数犹太移民以从事体力劳动为生。在所有的犹太移民中，有2/3的人是熟练技术工人。由于犹太人在东欧时集中在服装行业，抵达美国时又恰逢大规模成衣制造业兴起之时，很多犹太人开起了服装厂，到19世纪90年代，纽约97%的服装厂都是犹太人开办的，他们带领纽约成为美国服装工业的中心。

在社会生活中，犹太人尊重知识、敬畏学问，希望子女接受良好的教育，这也是美国犹太人社会向上流动性显著高于其他族群的重要原因之一。他们在美国的经济、社会、政治、思想等领域后来者居上，影响力越来越大。美国的诺贝尔奖获得者中超过25%是犹太裔，在文学界、电影界、科学界、出版界、艺术界、医学界、经济学界等都有很多犹太裔的杰出代表，但犹太裔在农业界、体育界和政界等少数领域没有太大建树，这也和他们抵美前的经历相关。

虽然美国的反犹太主义没有像欧洲那样高涨，但犹太裔美国人的发展历程也并非顺风顺水，他们在谋求一些高级管理职位时仍然会面临重重障碍。但他们因为有着长期作为少数民族与他族共存的经验，并没有怨天尤人，而是努力寻找或者创造属于自己的机会，例如他们开创了美国的成衣制造业，大力发展了电影制片业，因学术上的出类拔萃而成为学术界不容忽视的一股力量，白手起家为自己打下一片天地。特别是 20 世纪，美国犹太人走过一条非同寻常的道路，美国对犹太人来说可以称得上是自由的殿堂与机会的福地，犹太人已经在这里成功站稳脚跟并且具有广泛的社会影响力。

（三）美国历史上的的反犹主义

随着数量的不断增加，犹太裔美国人的经济实力不断提高，涌现出各行各业出类拔萃的代表，社会地位迅速崛起，同时也给其他族裔带来了很大压力，因而遭到排挤和嫉恨。最初美国的排犹反犹主义远没有欧洲那么激烈和广泛，后来到了第一次世界大战期间，对犹太人的歧视和排挤在美国社会甚嚣尘上，在 20 世纪 20 年代达到高峰。

反犹主义（anti－Semitism）是欧洲历史上一种普遍的反对犹太人的社会文化现象，可以说是人类历史上所有仇恨中持续时间最长、散布范围最广、结局最惨的一种以一个民族为对象的仇恨。随着欧洲犹太人分批移民到美国寻找新的生活，反犹主义也一直伴随着犹太裔美国人的生活，只不过它时隐时现，并未成为美国社会的主流。

美国的极右翼暴力活动往往发生在移民潮到来之时。大量非新教信仰的移民涌人，刺激了本就宗教氛围浓厚的右翼势力。基督教与犹太教在神学上的冲突是基督教反犹主义的最根本的原因，基于《圣经》对于犹大的描述，新教徒和天主教徒对犹太人欺压不断。在美国东部的一些城市，和过去招工启示明示只要新教徒以排斥爱尔兰人一样，19 世纪末则写明只要基督徒以排斥犹太人，这时的黑人因为信仰基督教反而比犹太人更容易就业。

犹太人在美国社会的日益崛起和在各个领域取得的成功使得白人新教中产阶级感受到前所未有的竞争压力，于是开始想方设法抑制犹太人的发展。各种错综复杂的因素导致美国第一次反犹浪潮的爆发。1915 年 3K 党

（美国种族优越主义团体）鼓吹将犹太人、黑人和其他少数族裔赶出美国。佐治亚州的犹太裔工厂厂主利奥·弗兰克（Leo Frank）被指控谋杀了一个14岁的女孩，法院因定罪证据不足而未量刑，后来大量证据也表明弗兰克是被诬陷的，但是3K党暴徒还是将弗兰克劫狱并以私刑处死。美国很多大学提出了犹太学生限额，剥夺了很多犹太青年接受高等教育的权利。美国各地反犹现象十分严重，有不少反犹组织印发反犹宣传品、推倒多处犹太人墓碑、扫射犹太教堂、制造犹太社区的纵火与爆炸案，第一次反犹浪潮于20年代末逐步平息。

1933—1945年，随着20多万来自欧洲各国的犹太移民涌入美国，美国出现第二次反犹浪潮。1915—1932年，美国只有5个反犹组织，但是1934—1939年，美国的反犹组织快速发展到700多个，成员多达500万人。美国政府拒绝接受来自欧洲的"圣路易斯"号轮船上的犹太难民，并于1941年进一步限制犹太难民入境。特别是在经济大萧条阶段的美国，更是把犹太人当作替罪羊而加以责难。这次反犹浪潮具有强烈的政治性，而非出自种族主义立场，其导致的一系列错误的政策和行动也受到美国犹太社团、各界社会人士和全世界反法西斯力量的强烈谴责。到第二次世界大战后，反犹势力遭到美国绝大多数人的唾弃，美国反犹的势头也逐渐削弱，反犹意识逐渐淡化。

之后，虽然一些美国人的心中仍然存在反犹主义的偏见，并时有抬头之势，但总体而言，20世纪20年代和30年代的反犹浪潮没有再度重演，而这也和犹太人在美国社会和经济中不断提高的实力和地位密不可分。

二、民权运动后的情况

犹太人虽然在美国长期以来是少数族裔，但几乎参与了美国历次重大事件，并发挥了不可低估的重要作用。从独立战争到西进运动，再到美国内战，犹太人都起到有力的推动作用。特别是20世纪60年代的民权运动中，处处可见犹太人的身影。他们与黑人和白人激进分子一道，为了争取平等的公民权并肩作战。通过参与这些运动，犹太裔美国人不仅提高了自身的政治地位，也成为一股有力推动美国社会发展的正能量。

犹太裔美国人积极参与了黑人主导的民权运动，犹太组织与黑人团体并肩作战，在推动司法改革和促进社会公平方面发挥了重要作用，通力将民权运动推向高潮。但是在合作取得一系列成果之后，由于斗争目标和利益诉求上的分歧，两个群体之间的矛盾日益凸显，关系渐行渐远，从合作走向瓦解甚至对立。

犹太裔美国人在民权运动之后仍然面临“规律派”（The Order）等一些白人至上恐怖团体的威胁。虽然犹太裔美国人一直致力于推动美国各方面改革，积极融入美国社会，也和白人拥有同样的肤色，但仍被白人至上主义视为眼中钉，甚至被视作头号敌人。这些白人至上恐怖主义者散布阴谋论，认为犹太裔美国人操纵了美国的政治和经济，影响了美国政府的决策，同时认为大规模的移民和跨种族的婚姻“稀释了”美国白人血统。网上也有传言指责2018年的“移民大篷车”（migrant caravan）是受到犹太裔组织“希伯来难民与移民救济会”（HIAS）的资助，每当出现移民潮的时候，类似的指控和阴谋论都会卷土重来。

三、特朗普上台后的情况

尽管白人至上主义有着深刻的历史、经济、文化、社会根源，但美国国内仍有声音认为，特朗普的种族主义倾向与白人至上主义的回潮有着不可分割的联系，因为从其竞选演说到就任，正值美国社会面临多重困境，族群矛盾、仇外心理、阶级鸿沟等问题日益突出。根据美国公共宗教研究所（PRRI）的《2018美国价值调查》显示，在被问到“特朗普作为总统的决定和行为是否鼓励了白人至上团体”时，54%的受访者选择了同意这一观点，39%的受访者选择不同意。

特朗普的种族主义言论不断，如对墨西哥移民出言不逊，以及颁布“禁穆令”等一系列排斥特定种族的言论和法令，这都将美国长期以来坚守的政治正确原则置若罔闻，扯开了抑制公开宣扬白人至上主义的遮羞布。美国国会记者乔纳森·韦斯曼（Jonathan Weisman）在他的书中提到：“犹太人总是在边境线消失、模糊之时，在墙被推倒而不是高筑之时得以繁荣兴旺，”他认为特朗普的时代就是高筑边境之墙的时代。在这种冲突愈演愈烈之时，犹太人再度成为白人至上主义者和各类仇恨犯罪的攻击焦点之一。

（一）反犹暴力事件层出不穷

2017 年 2 月，位于密苏里州圣路易斯郊区和费城东北部的卡梅尔山的数百座犹太公墓相继遭到人为破坏。

2017 年 8 月，弗吉尼亚州夏洛茨维尔市发生了以“团结右翼”为名的白人至上主义游行。在游行中，新纳粹主义者高呼“犹太人永远不会取代我们”等口号，并与犹太裔美国人发生暴力冲突，袭击破坏犹太组织。

2018 年 10 月 27 日，正在举行安息日宗教仪式的匹兹堡市“生命之树”犹太教堂发生枪击案，致使 11 人死亡，6 人受伤。凶手鲍尔斯是一名典型的新纳粹分子，曾在社交网站 GAP 上大肆发表极端排犹言论。他认为犹太人是把“侵略者”引入美国的元凶，而案发前不久向美墨边境进发的“移民大篷车”更是引发他的仇恨情绪，促使他锁定犹太人聚居社区制造惨案。反诽谤联盟（Anti – Defamation League）首席执行官格林布拉特（Jonathan Greenblatt）称之为“美国历史上最致命的袭犹事件”，并且指出，匹兹堡枪击案只是反犹主义抬头最新最恶劣的表现，呼吁有良知的美国人马上行动起来与之对抗。

虽然反犹事件总体趋于下降，但是反诽谤联盟的《年度反犹事件审查》（Audit of Anti – Semitic Incidents）显示，反犹太事件在 2017 年上升了 57%，这也是该组织自 1979 年跟踪数据以来的最高值。这些事件主要集中在校园，白人至上主义者开始把煽动目标转向年轻一代。美国联邦调查局（FBI）2016 年公布的《仇恨犯罪数据》（Hate Crime Statistics）的数据也显示，仇恨犯罪增长了 5%，而其中 53% 基于信仰的仇恨犯罪都是针对犹太人的。而这些仇恨犯罪的上升与特朗普总统对民族情绪和排外情绪的煽动和纵容有着直接的关系。

（二）反犹主义和极端主义常态化

极右翼极端主义者和另类右翼组织在社交媒体上攻击恐吓犹太人，尤其是在特朗普中期选举临近之时攻击犹太记者。他们进行所谓的“推文轰炸”，即每天发送约 500 万条高度政治化和反犹的推文来攻击犹太社区。

而特朗普作为美国总统，对上述极端主义暴力事件和言论采取默许和纵容的态度，其本人也多次转发来自白人至上主义者的推文，并且多次公开宣扬所谓“民族主义”，其内阁中也有很多反对多元文化、捍卫西方价值观的极端保守人士。这些都助长了白人至上主义者的气焰，他们的言行愈加猖狂，使得种族主义在美国变得常态化。美国的一些右翼网站和媒体也成了反犹主义者和极端主义者散布种族思想，聚集信众的新阵地，相关言论在网络上的传播也较传统媒体更快，触及人数更众，形成新一轮宣传攻势，而美国政府虽有审查，但仍有不少此类平台滋生蔓延，为反犹势力的扩散创造了条件。

（三）白人至上主义与反犹主义无法割裂

很多白人至上主义者是特朗普忠实的拥护者，可以说他们是特朗普当选美国总统的大票仓。他们反对全球化，反对变革，反对科技革命，大多是特朗普的支持者。在前文所提到的匹兹堡枪击案中，凶手既是白人至上主义者，又是特朗普的反对者，这看似矛盾的组合在这个新的时期却又不无道理，也代表了一部分美国人现在的看法。

美国历史上形成一种惯性，每当国内政治、经济、文化矛盾愈发尖锐时，就会拿犹太人当替罪羊，从而转嫁压力和矛盾，历史上几次反犹主义高潮都伴随着这样的背景。而特朗普总统大肆将美国国内的失败归结于外来移民，从某种程度上催生了这一思想的进一步扩散。此外，因为特朗普的特殊背景，身边聚集了很多成功的犹太裔大资本家和政治家，其女婿库什纳就是犹太裔，而犹太裔对美国外交政策产生了很大的影响，所以一部分白人至上分子认为美国总统被犹太势力所包围、渗透，威胁到美国的国家利益和安全。而美国一直有一部分人认为犹太人控制了美国政府、媒体和世界经济体系，因此一些白人至上分子正如匹兹堡枪击案中的凶手一样，既是反犹分子，也是特朗普的反对者。

总而言之，种族关系依然是美国社会最重要且最棘手的群体关系。当白人种族主义者和少数种族都以受害者自居时，双方都不愿亦无法退让。虽然排犹反犹主义在美国历史上一直不是主流思想，也没有较高的系统化和政治化，在美国过去也因不被主流观点所认同而多匿于暗处，但每当美国历史上出现大规模的移民潮，美国社会结构性矛盾日益突出时，就会和产生种族冲突和仇外思想，与反犹思想形成共振。在特朗普执政的情况下，美国国内的矛盾进一步转嫁为阶级和种族之间的冲突，多元价值观受到冲击，民族主义甚嚣尘上，仇恨情绪接连被点燃，使原本紧张的种族关系更加剑拔弩张，犹太裔美国人因此也深受其害。如果错过有效的时机加以遏制，针对犹太裔美国人的仇恨言论和行为非但不会杜绝，反而会愈演愈烈。在经济政治情势堪忧的背景下，处理好各族裔之间的关系，用合作代替冲突和对抗，减少社会的不稳定因素，是美国目前急需解决的问题。

参考文献

Anti - Defamation League, "Audit of Anti - Semitic Review, Year in Review 2017".

Arnold M. Rose and Caroline B. Rose, "Minority Problems, Harper and Row", 1972.

FBI, "Hate Crime Statistics 2016", https://ucr.fbi.gov/hate-crime/2016.

Jonathan A. Greenblatt, "When Hate Goes Mainstream", The New York Times, Oct. 28, 2018.

Jonathan Weisman, " (Semitism) Being Jewish in America in the Age of Trump", St. Martin's Press, 2018.

Michael Lipka, "How Many Jews are there in the United States?" Pew Research Center, Oct. 2, 2013.

PRRI, "Partisan Polarization Dominates Trump Era - Findings from the 2018 American Values Survey", https://www.prri.org/wp-content/uploads/2018/10/Partisan-Polarization-2018_AVS-C.pdf.

［美］大卫·鲁达夫斯基，傅有德译：《近现代犹太宗教运动》，山东大学出版社 2014 年版。

郝亚明：《美国种族关系面临白人至上主义回潮的新挑战》，《人民日报》2018 年 8 月 18 日，第 17 版。

刘洪一：《犹太文化要义》，商务印书馆 2004 年版。

石涵月：《美国历史上反犹主义的宗教文化根源》，《世界民族》2005 年第 5 期。

唐立新：《现代美国犹太政治研究》，广东人民出版社 2016 年版。

［美］托马斯·索维尔，沈宗美译：《美国种族简史》，中信出版集团 2015 年版。

于海洋：《白人至上的前世今生：美国极右翼运动发展 300 年》，《中国新闻周刊》2017 年第 32 期。

张倩红、艾仁贵：《犹太史研究入门》，北京大学出版社 2017 年版。

美国印第安人族裔的历史与现状

岳晶晶*

印第安人是美洲大陆本来的主人，从“Native Americans”这一英文叫法中即可窥见一斑，这也是他们与美国境内其他少数族裔最大的不同。印第安人（Indians）是老一代原住民对自己的称呼，年轻一代则多以原住民（indigenous people）自居，而传统上美国印第安人这一叫法并不包括阿拉斯加地区的原住民。叫法虽然笼统，分布在美国境内的印第安人（包括阿拉斯加和夏威夷地区的原住民）其实是由众多不同的部落、家族及民族构成的，他们彼此之间相隔遥远，使用不一样的语言（据统计，到15世纪末有300多种印第安语言，目前仍然有接近200种部落语言存在），有着相对独立的生活方式。

据美国联邦统计局2007年7月1日的数据显示，美国印第安人及阿拉斯加地区原住民的总人口数（包括同时属于不止一个部族的一部分人）估计为450万，约占美国总人口的1.5%。在美国印第安事务署发布的《2005年度美国印第安人口和劳动力报告》中，当时获得联邦认可的561个部落的注册人数仅有不到人口普查数字的一半，也就是1978099人。获得联邦认可的部落指的是与美国联邦政府建立了政府与政府间关系，并被赋予相应的责任、权利、限制和义务，并有资格在印第安事务署获得资助及服务的部落。目前共有573个获得联邦认可的美国印第安人和阿拉斯加

---

* 岳晶晶，北京语言大学外国语学部英语学院讲师，北京语言大学美国加拿大研究中心（教育部备案）研究人员。

原住民部落、村庄。①

印第安事务署数据显示，联邦划给印第安人的保留地总面积现为5620万英亩，其中最大的一块保留地是横跨亚利桑那、新墨西哥和犹他三州的纳瓦霍族（Navaho）保留地，有1600万英亩；最小的一块保留地位于加利福尼亚州，只有1.32英亩；大部分面积不到1000英亩。而目前有约一半的印第安人已不居住在保留地内。

一、印第安人与欧洲殖民者的早期接触

在美洲印第安人的相关研究领域，将1492年10月12日哥伦布“发现”新大陆以前的时代（pre - Columbian）称为史前时代（pre - historic），前殖民时代（pre - colonial）或者前接触时代（pre - contact）。在这一时间点以前的漫长历史进程中，印第安人在广袤的北美大陆上按照自由意志选择适合自己的生存方式，而欧洲殖民者的到来不仅带来战争、疾病和对传统生活方式的冲击，也逐渐蚕食他们的生存空间和自然资源。早期西班牙殖民者使用宗教手段同化印第安人，法国殖民者与印第安人建立贸易关系，而英国人也制定了一整套处理与北美大陆印第安人关系的措施。美国建国初期沿用了这些管理办法，例如早期联邦国会通过的《西北法令》中的相关规定，可以说这些做法影响深远，是美国对印第安人政策的起始点。英国殖民者管理印第安人的做法主要遵循下列几项原则：②

> 1. 承认印第安人由于把土地移交给白人入侵者而有权得到赔偿金。
> 2. 中央政府（联合王国）保留为购买印第安人土地而举行谈判的绝对权力。
> 3. 使用各种条约作为上述交易的手段。

---

① 数据为截至目前的最新官方数据，见 www. bia. gov 美国印第安事务署官方网站关于美国印第安人及阿拉斯加原住民人口的常见问题。

② 引自“美国对印第安人的政策”，原载《印第安美洲》季刊1975年第4期，东篱译。作者为詹姆斯·奥菲瑟，时任美国亚利桑那大学人类学系教授、美洲印第安研究所理事会执行委员会美国政府代表。

4. 保留某些专供印第安人占据使用的地区。

5. 中央政府必须遵守保护印第安人专有地区免遭白人侵占的法律。

6. 政府对与印第安人的贸易要做出规定，以保护印第安人，使之免受剥削。

这些管理措施一方面似乎给予了印第安人足够的尊重以及自治和自主权，另一方面却把印第安人放在了被监管、被保护的地位，是明显自相矛盾的政策。可以说，在接触的一开始，殖民主义的本质即决定了北美印第安人多舛的命运。

早期欧洲殖民者与原住民之间建立了一定的信任与友谊，17 世纪初期北美东部地区的欧洲殖民者形成庆祝“感恩节”的习俗，尽管庆祝仪式带有宗教色彩，据说最初就是为了感谢印第安人在漫漫严冬曾给予他们的无私帮助；也有著名的阿岗昆部族（Algonquian）首领的女儿与英国人通婚，并于 1616 年前往伦敦拜访女王的案例；英国殖民者在 1763 年还宣布将阿巴拉契亚山以西地区拨给印第安人，而后 1783 年在英美议定的和平方案中，英国把阿巴拉契亚山以西至密西西比河这一大片印第安人所有的土地开放给美国。

美国建国初期为了垄断与印第安人的贸易，在边界地区保持和平，并在与英国人、法国人及西班牙人的战争中获得印第安人的支持，也一直坚持“站在印第安人一边”。①

二、印第安人的迁移及保留地制度

随着白人定居者的不断涌入，美国东部地区人口激增，土地资源越来越紧张。这就意味着围绕土地问题的矛盾成为印第安人和白人之间的一种

① 引自“美国对印第安人的政策”，原载《印第安美洲》季刊 1976 年第 4 期，东篱译。作者为詹姆斯·奥菲瑟，时任美国亚利桑那大学人类学系教授、美洲印第安研究所理事会执行委员会美国政府代表。

严酷的生存竞争。[①] 印第安人对于土地的理解和利用与白人社会明显不同，他们视土地为“大地母亲”，狩猎、采集或种植所获得的一切都是土地的馈赠，部落生活更类似资本主义产生以前的公有制社会的管理方式。虽然印第安人率先占有了大片土地，但是由于土地没有私有化，且许多印第安部落采取游牧或游猎的生活方式，在白人眼中，这就成为印第安人未能很好开发利用土地的说辞，进而否认印第安人的土地所有权。

1830 年美国政府通过了《印第安人迁移法案》，迫使成千上万的印第安人远离了他们的故乡，迁移到遥远的西部地区，其中约 6 万人迁入今俄克拉荷马一带的印第安领地。法国学者托克维尔曾评论道：“这些强迫迁徙造成的苦难之深，无法想象。被迁徙者本来已经人口锐减、精疲力竭，他们所要去的地方本已居住着别的部落，对他们充满敌意。路上忍饥挨饿，到了目的地还要打仗，苦不堪言。”密西西比河以东地区随后获得巨大的发展，美国政府继续向西开拓疆域，再次进入印第安人的势力范围。

1853 年上任的印第安人事务属主任乔治·梅尼培尼主张各部落必须交出大片土地以获得财政上的补贴，同时政府会在印第安人的传统领地中划出较小的区域给他们居住。这种措施无形中改变了大量集中迁移的做法，逐渐形成众所周知的“保留地”制度。[②] 这一政策还强调印第安人可以作为个人但不能作为部落占有土地，将印第安土地实行私有化管理。也有人认为他的前任奥兰多·布朗是提出联邦一级的保留地计划的最早倡议，为西部各部落的活动区域划定边界，未得部落同意或联邦代表许可，任何人不得擅自进入其领地，这个设想旨在解决单纯的种族摩擦和边疆冲突。后卢克·李又发展和完善了这一设想，而乔治·梅尼培尼则是“李方案”的全面实施者。[③]

在长达一个世纪的“西进运动”中，印第安部落土地通过缔结条约出让的形式逐渐流失。西部地区的一些部落对此进行了顽强的抵抗，他们经

---

① 李剑鸣：《美国印第安人保留地制度的形成与作用》，《历史研究》1993 年第 2 期，第 173 页。

② 数据为截至目前的最新官方数据，见 www. bia. gov 美国印第安事务署官方网站关于美国印第安人及阿拉斯加原住民人口的常见问题。

③ 转引自李剑鸣的《美国印第安人保留地制度的形成与作用》。作者威尔康布·沃什伯恩《美国的印第安人》，哈珀－罗出版公司 1975 年版，第 191－192 页。

常要同时面对白人殖民者的威逼利诱，以及部族内部的分裂和腐败。白人殖民者与印第安人签订的大部分条约是不平等条约，即使许多最终签约的部落首领对于条约的内容也并不十分了解。以大平原地区苏族印第安人出席拉勒米堡谈判，讨论俄勒冈小道的通行问题为例。条约规定拉科塔人和其他印第安人同意让这条道路穿越印第安人的土地，其中一些条款允许军队在印第安土地上建立哨所和公路，而印第安人却误以为，这份条约可以阻止火车的建设，限制白人向西扩张，从而避免牲畜群受到骚扰和惊吓。① 西进运动使得大量东部居民及新移民进入西部地区，众多印第安部落已无处迁徙。“保留地”制度的形成，成为美国政府和白人社会解决印第安人问题的一个主要措施。1850 年以后这种制度在全国范围内广泛实行，到 1880 年联邦印第安人事务署统计的保留地数目已达 141 个。

三、印第安人的同化

在与白人社会接触的过程中，部分印第安部落选择了主动改变生活方式，吸收了大量欧洲殖民者先进的文化和技术。其中最突出的是被称为“五大文明部落”的切诺基族（Cherokee）、乔克托族（Chickasaw）、奇卡索族（Choctaw）、克里克族（Creek）和塞米诺尔族（Seminole）。切诺基族也是最早归化为美国公民的非欧洲族裔之一。1817 年与切诺基族签订的协议第 8 条当中提到如果获准返回东部故地，切诺基人可能愿意成为美国公民。东部地区的这 5 个部落之所以被主流社会称为文明部落，正是因为他们吸纳了欧洲殖民者文化的一些做法，例如推行基督教、建立中央政府、拥有自己的文字、参与市场经济、修订成文宪法、与白人通婚、在种植园实行奴隶制等。五大文明部落还倾向于和联邦政府保持稳定的政治关系。

另一部分部族对于白人始终充满敌意，不愿被他们的生活方式所同化。苏族伟大精神领袖坐牛曾经说道：“伟大的真神让我降生为印第安人，并不是要我成为一个保留地的印第安人。我宁愿在食物匮乏的情况下忍饥

① ［美］加里·克莱顿·安德森著，张懿译：《坐牛：拉科塔族追求独立的悖论》，上海社会科学院出版社 2016 年版，第 16 页。

挨饿，也不愿意为了得到那点定量的食物而丧失自由。”1850年后，美国政府开始借助保留地制度对印第安人展开强制同化和改造。首先是通过对部落土地实行私有化份地分配制，打破传统部落集体生活方式；在印第安人被安置在个人的土地上以后，就发给他们农具、牲畜和种子，教他们如何务农，将其彻底改造为定居的农民。另一方面的措施就是强制印第安青少年接受白人教育，印第安事务署在这一时期还热衷于在保留地以外的地方，特别是城市地区的寄宿学校里教育印第安人的子女。1880年颁布的《印第安人学校规则》规定，教会和政府开办的学校一律用英语教学，禁用印第安语，禁止印第安传统服饰和发式，如有违反则停止政府的拨款。同时，在印第安保留地里开始兴建教堂，基督传教士以教学为名义四处活动，与部族争夺年轻人，令其放弃如鬼舞等传统宗教仪式。在保留地内还设立了警察局和印第安法庭，完全由印第安事务署控制。

经过多年与白人社会的接触，印第安人对白人物质文化产生了一定的依赖性，沾染了许多恶习，如玩牌、赌马等。部分印第安武士由于意志消沉、无所事事，开始酗酒，保留地内的犯罪率也随之上升。而帮助其摆脱白人的不良影响也是同化保留地内印第安人的一部分内容。

在白人政客以及部分激进分子心目中，印第安人是一个落伍的、与时代潮流不符的民族。在他们看来，印第安人必须学习资本主义，像美国人那样追求个人才能、信仰上帝。这就必须让部落主义，包括本土宗教、社会结构，特别是政治制度土崩瓦解。① “强制性同化乃是种族对抗的继续”，②这样的同化必定是要失败的。保留地内的土地大多荒芜贫瘠，不适合耕种，一些零散的耕种方式发展缓慢，人们的劳动积极性无法提高；而在小部分的土地被分配给个人后，剩下大量的土地都被出售给白人，1887年《道森法案》执行后，印第安人丧失了近4/5的土地。许多为获得食物等供给品进入保留地的印第安人，不堪忍受没有自由的生活，选择离开保留地，回到自由部落。学生们抗拒白人教育，需要警察四处搜捕，驱赶他们上学。一些部落又开始秘密召集之前被明令禁止的太阳舞等传统舞蹈集

---

① ［美］加里·克莱顿·安德森著，张懿译：《坐牛：拉科塔族追求独立的悖论》，上海社会科学院出版社2016年版，第205页。

② 李剑鸣：《美国印第安人保留地制度的形成与作用》，《历史研究》1993年第2期，第173页。

会。尽管饱受白人文化和殖民主义的压制和侵蚀，美国印第安文化传统依然具有凝聚力，始终需要获得正视和尊重。

进入20世纪初期，对于印第安人的美国化改造仍然在继续，美国国会于1924年通过了《美国印第安人公民权法》，授予美国境内全体印第安人以美国公民资格。1934年又通过了《印第安人重组法》，停止份地分配，恢复部落制，帮助印第安人按照白人的模式重建部落政府。

四、印第安人的“诉讼运动”和联邦服务收缩的时期

在联邦政府不断开发和利用原住民的土地及自然资源的过程中，印第安部落蒙受了巨大的经济损失。与印第安人签订的迁移条约当中，均规定必须向其支付土地赔偿金或永久性租金，以及在联邦支持下为聚居地提供卫生、教育和福利事业。一直以来，印第安部落集团在获得国会的特别准许之后，可以提出各自的诉讼来申请赔偿，但整个程序复杂且耗时。1870—1946年，共处理了100多起诉讼案件。

第二次世界大战以后，国会通过了一项印第安人诉讼委员会文件，即1946年法案，授权成立一个特别法院，专门处理印第安人的诉讼案件。尽管当时希望的是5年内解决所有的诉讼，后由于需要解决的诉讼数量过多，几次延长了该诉讼委员会的任期。仅1975年，印第安诉讼委员会交付给各部落的诉讼偿金就超过5.5亿美元。

国会当中的许多成员相信赔偿金可以帮助印第安人自立，从而减少其他的专门服务。1953年国会通过了一项决议，要在尽可能短的时间内帮助居住在美国境内的印第安人获得与美国其他公民一样的法律权利；一样的利益和责任；结束他们个人受美国保护的状况；授予他们美国公民应当享有的一切权利和特别利益。①

1953年，国会通过一项一般性法律，意在把保留地内的民事和刑事管辖权移交给保留地所在的各州。1954年，国会命令印第安事务署把医

① 引自“美国对印第安人的政策”，原载《印第安美洲》季刊1976年第4期，东篱译。作者为詹姆斯·奥菲瑟，时任美国亚利桑那大学人类学系教授、美洲印第安研究所理事会执行委员会美国政府代表。

疗服务工作移交给美国公共卫生服务局。1956年，又通过法案对之前根据“印第安人城市化”政策重新安置在城市里的成年印第安人进行职业培训，进一步推动迁居计划的实施。20世纪50年代开始的废除联邦服务事业的浪潮，还成功推动了印第安部落的联合，形成一股意想不到的政治力量。

而进入20世纪60年代以后，联邦机构还在保留地提供项目帮助印第安人就业、建设住宅等。其中最有影响力的经济事务办公室还推行了“公社行动”计划，这些项目都由地方人士执行，而不由印第安事务署的官员或雇员执行。参与其中的印第安人重拾了尊严，他们主张部落政府承担相应责任，并发出要占据印第安事务署各级职务的呼声，表现出强烈的自决意愿。

五、印第安人的自决浪潮和民权运动后的文化激进主义

进入20世纪后的两次世界大战，让印第安人进一步与美国主流社会融合。其中有接近1万人在一战过程中为美军服役，一战结束后，威尔逊总统授予所有参战的印第安人美国公民身份。参加二战的印第安人达到约4.4万人，占据了当时部落18岁至50岁健康成年男子的1/3，而其中自愿参战的比例也很高。战争期间，印第安人的生活习惯、观念以及经济状况受到自保留地时期以来最大的冲击，其中影响最大的莫过于战后劳动力短缺，大量的印第安人进入城市生活就业，接受重新安置。

20世纪60年代民权运动兴起后，印第安人的自决意愿更加迫切，表现出以“美国印第安人运动”为代表的文化激进主义。美国印第安人运动（AIM）的主要活动从1969年开始跨越了整整10年，激励了形形色色的美洲原住民发出他们共同的声音，那就是将他们祖祖辈辈居住的、有着共同记忆的故土去殖民化。激进主义者在1969年要求将位于旧金山湾的阿尔卡特拉兹岛上的监狱作为“印第安人的土地”收回。他们1972年组织了“破裂条约之路”抗议行动，并最终占领了位于华盛顿特区的印第安事务署总部，以及1973年组织武装占领了南达科他州伤膝镇，这里是美国骑兵团1890年大规模屠杀印第安人的地点。

与此同时，1968年联邦政府通过了《印第安人民权法》，1975年通过

了《印第安人自决和教育援助法案》，1978 年通过了《美国印第安人宗教自由法》，这一系列法案的通过表明美国政府的态度已发生转变，开始鼓励印第安人自治、自决，迈向属于印第安人自己的明天。

六、印第安人的生存现状及美国政府最近执行的印第安人政策

谈到印第安人的生存现状，总是离不开创伤（trauma）这个字眼。这种创伤来自于过去几个世纪的流离失所、朝不保夕，来自于不断的战争和疾病，来自于各种歧视和忽视，来自被剥夺之权利和被摧残之精神。这种创伤是历史的创伤，影响跨越数代人。贫困、家庭暴力、酗酒、吸毒及自杀等问题在印第安人群体当中依然很突出。据印第安健康服务局报道，印第安人群的死亡率是全国平均水平的 1.3 倍，患糖尿病的概率高 3 倍，患肝病和肝硬化的概率高 4.8 倍，自杀率要高 1.7 倍。2010 年美国心理治疗协会报告称，没有医疗保障的印第安人是白人的 3 倍。

在面积最大的纳瓦霍印第安保留地内，许多人过着没有自来水和没有电的生活，基础设施非常薄弱，失业率居高不下，达到50%。图霍诺·奥哈姆部族（Tohono O’odham）所在的位于北亚利桑那州和新墨西哥州的第二大保留地同样面临着经济发展问题，即使是收益可观的博彩业也无法完全支撑整个部落的经济，保留地内基础设施落后，没有公司愿意投资或者进驻，导致经济结构过于单一。

据题为《2014 原住民青年人报告》的白宫政府报告显示，92% 的原住民学生上的是普通公立学校，这也就意味着只有极少数人上的是由联邦政府投资的印第安教育署（BIE）控制的学校。印第安教育署在63 个保留地运营 183 家学校，注册的原住民学生有约 4.2 万名。与同龄人相比，这些学生在学业方面整体表现不佳。2013 年全国教育进展评估（NAEP）时掌握的数据显示，印第安教育署所属学校的四年级学生在阅读这一项成绩上平均比非印第安学生低 22 分。2011 年的评估结果同样显示，只有 18% 的原住民学生在阅读成绩上达标，而白人学生的达标率高达42%。印第安教育署名下的学校 30% 都已经有超过 40 年的历史，需要大量资金维护，大多数学校没有令人满意的网络设备或者足够的计算机。报告认为，缺乏对民族文化以及身份的认同感是学生们学业表现不佳的重要原因，建议引

入与文化相关的课程设置，尤其是历史和语言类课程。根据宾夕法尼亚州立大学社会研究教育学副教授莎拉·希尔的研究，87% 的各州历史课标都没有涉及 1900 年以后的印第安人历史。

“美国印第安人政策在进入 20 世纪以后总体上趋向尊重差异，开始更多考虑印第安人的利益与实际，反映了美国社会多元化发展的现实要求。”[①] 具体说来，以下两届美国政府对待印第安人的态度及执行的政策基本延续了这一趋势。

（一）奥巴马政府（2008—2017 年）执行的原住民政策

为了履行对原住民选民的竞选承诺，改变原住民的生存现状，在上任之初，奥巴马总统即发起白宫原住民部落首脑年度峰会，旨在增强与原住民部落的直接对话，在他的任内该峰会持续了八届。2009 年，美国参众两院一致通过，奥巴马总统年底签字批准，就“不理智政策和对印第安人采取的暴力、抢劫以及破坏与北美土著人达成的协议”进行正式道歉。印第安首领史密斯表示：“大部分印第安人，并没有要求美国政府做出正式道歉，但美国的这种姿态得到印第安人的赞赏。”史密斯强调：“道歉是困难的，接受它同样很难。但抛开这一切，我们怎样做得更好，才是要面对的挑战。”

奥巴马任内其他受到原住民一致欢迎的相关政策有，承诺支付巨额赔偿金以解决美国政府和原住民部落之间旷日持久的法律诉讼；设立赎回项目帮助原住民部落回购分散四处的土地；扩大部落法庭的司法管辖权；2013 年将原住民妇女纳入《针对妇女暴力法案》的保护范围之内。上文提到反对达科塔石油管线运动在 2016 年也获得奥巴马政府的支持，这一有争议的建设项目被暂时叫停，等待调查。

（二）特朗普总统上台以后的情况（2017—2021 年）

2017 年特朗普总统上台后效仿前任的做法，于 10 月 31 日在白宫网站发表公告宣布 2017 年 11 月为“全国原住民遗产月”，号召全体美国人民

---

① 张骏：《从同化政策到尊重差异——美国印第安人政策演变的思考》，《世界经济与政治论坛》2014 年第 3 期，第 89 页。

一起向美国的第一民族表示敬意，表彰他们为美国的发展所做的贡献以及牺牲。在特朗普政府公告中明确表示支持部落自治和自决，并且承诺会继续承担对原住民群体的责任。其中提到会对部分造成不必要花费及负担的法规进行大力度的改革，以及重点关注政府与政府层面的协商。特朗普总统还承诺政府会在爆发危机的时候向原住民提供必要的帮助，并且已经在厄玛飓风过后签署了第一份针对原住民部落的总统应急宣言，确保佛罗里达州塞米诺族部落能够及时获得用于重建的物资。[①]

然而从个人的言行方面看，由于特朗普的商业王国也涉及博彩业，因此在 20 世纪 90 年代就与印第安保留地产生利益冲突。对于面向印第安保留地的政策倾斜，特朗普一直强调许多保留地内赌场的经营者“看上去长得并不像印第安人”，这一言论也被很多人认为带有种族歧视的倾向，而事实上保留地内的许多印第安人与黑人等其他族裔通婚，样貌上确实与典型的印第安人相距甚远。特朗普上台后，在提到有切诺基族血统的参议员森·伊丽莎白·沃伦时，口无遮拦地使用“Pocahontas”一词，意思是“被文明开化的野蛮人”，也被公众认为是诋毁和诽谤，伤害了原住民的感情。

总而言之，尽管情感和心理创伤的治愈需要时间，需要积极的手段以及美国政府和社会的支持，然而印第安人始终未放弃他们的骄傲和坚持，用自己的方式完成救赎。

可能不为人所知的是，著名的总统山“拉希莫山”石雕就位于拉科塔族圣地黑山地区，当时得知石雕动工的消息以后，拉科塔族酋长想让世人了解“印第安人也有伟大的英雄”，决定在不要美国政府一分钱资助的情况下请雕塑师在黑山为拉科塔族著名的战争酋长“疯马”塑像，工程从 1948 年开始已持续几十年，耗资上千万美元。

为了帮助印第安人促进经济，博彩业在原住民社区获得迅速发展。尽管许多原住民部落内都设有赌场，但关于博彩业可能对印第安文化产生的影响一直是有争议的。一些部族认为博彩业会从内部摧毁印第安文化，因此拒绝参与博彩业。

事实上，在 20 世纪 70 年代美国印第安人运动的高峰期过后，印第安人政治运动就陷入凋敝期，只是在 1992 年哥伦布发现新大陆五百周年纪

---

① 参见白宫官网：www. whitehouse. gov.

念日时有过小范围的抗议活动。印第安人强烈的自我意识多年来还在环境保护主义领域与政府及企业形成对抗。2016 年，由拉科塔、达科塔和纳科塔等 7 个苏族主要部落以及与他们合作保护水源的盟友共同发起了一个全球性运动（NoDAPL），反对修建达科塔石油管线（DAPL），认为这一地区的土地和水源神圣不可侵犯。①

印第安人也不断在艺术创作领域发出他们的呼声。1990 年颁布的《印第安艺术及手工艺法案》规定在美国境内任何尝试销售假冒的印第安艺术品或手工艺品的行为都是非法的，违者将被处以高额罚金或者 5 年监禁。该法案的初衷是要保护印第安人的艺术作品和艺术传统不被一些投机分子盗用，但是也产生了一些争议。文化人类学家、律师盖尔·谢菲尔德就认为“该法案的一个意外后果可能是会对那些部落所属关系还未被官方承认的原住民造成歧视”。② 行为艺术家吉米·达拉姆有过两次单人演出被取消的经历，原因就是他无法根据《美国印第安艺术及手工艺法案》（1990 年）的要求证明自己属于某一受联邦政府认可的部落，他认为“验明正身是一个种族歧视的概念，其目的是要将我们围困在‘我们的世界’里，主流社会乐见于此”。③

2007 年拉科塔族人拉塞尔·米恩斯提出退出部落与美国政府签订的一切协议，成立“拉科塔共和国”的建议，并开展了一系列外交活动，被认为具有印第安分裂主义的倾向，美国政府对此并未明确表态。

由于复杂的历史原因，主流白人文化与印第安文化依然泾渭分明。也有学者认为，当代世界秩序并未真正支持资本和人力的自由流动，而是更有益于精英殖民者在剥夺原住民的权利后，持续统治这片土地，④ 原住民问题最终的走向仍旧不明朗化。

---

① Saskia de Melker & Rebecca Jacobson, “Climate Change Strikes Especially Hard Blow to Native Americans,” PBS Newshour, July 19, 2012, www. pbs. org/newshour/rundown/climatechange – strikes – hard – blow – to – native – americans/, October 23, 2016.

② Gail Sheffield, “The Arbitrary Indian: The Indian Arts and Crafts Act of 1990”, University of Oklahoma Press, 1997.

③ Richard Shiff, “The Necessity of Jimmie Durham's Jokes,” Art Journal. 51, No. 3, special issue, “Recent Native American Art” (Fall 1992): 76.

④ Jessica L. Horton, “Indigenous Artist against the Anthropocene,” Art Journal. (Summer 2017): 49.

下篇

美国语言政策

美国前沿语言政策研究

王丽虹*

一、站在世界新格局的高度重新梳理美国语言政策的流变

美国是一个多元文化国家，由世界各地的移民汇聚而成，但美国国内的语言教育却始终以单语即英语为尊，尽管历史上曾出台过《美国土著语言法》和《双语教育法案》，但其宗旨是以英语来同化各族裔而忽视其他语言及其文化价值，造成美国语言教育和美国民众的单语化特征。美国学者经常在有关双语和多语教育的讲演前向听众自嘲：If a person speaks three languages, he/she is called trilingual; if a person speaks two languages, he/she bilingual; if a person speaks only one language, he/she is American。众所周知，美国是一个教育分权制的国家，联邦政府与州政府在法律上为同等主权实体，两级政府享有相对独立的权限，在语言教育立法方面国会与州议会平行，因此美国的语言政策很少是通过联邦政府自上而下为全国指定教育标准，而是更多地以州政府层面的课程框架作为指导，在实际的操作中也是由各州自主选择和决策。美国的外语教育政策也不例外，没有统一的联邦政府的官方政策，只有一系列政府倡导和决议，针对于外语学习的联邦教育立法主要是出于实用主义和国家防御功能方面的考虑而出台的。

本章简单梳理美国各个时期出台的各种语言政策尤其是外语政策的演变历史和特点，重点关注以国家安全为导向的关键语言战略的制定与实

---

* 王丽虹，北京语言大学高级翻译学院教授，北京语言大学美国加拿大研究中心（教育部备案）研究人员。

施，以及如何在新的世界格局中认识和评价美国关键语言战略的实施效果。

二、美国早期“唯英语”教育政策和指导思想

对美国语言教育政策的考察可以追溯到殖民地时期的语言教育。1492年哥伦布发现新大陆后，欧洲列强分别在新大陆建立起自己殖民地，原有的多达700多种原住民语言生态格局被打破。欧洲殖民者对印第安语言的态度是无情的贬低和打压，毫不掩饰其语言和文化沙文主义思想，使印第安文明濒于毁灭。

美国《独立宣言》及宪法中均没有提及语言和语言规划问题，美国建国初期的政治文件中也没有统一语言的明确政策，但是关于语言统一，建国初期的一些有影响的政治人物、语言学家以及其他社会名流的言论和行为体现出合众国创建者秉持“语言一致性”的理念，对英语地位的确立发挥了巨大的舆论影响作用。可以说，美国殖民时期语言教育指导思想就是确立英语的绝对中心地位，以统一语言、保持语言一致性为根本目的。

合众国建立后，“语言一致性”也始终是美国政府贯彻语言教育政策的基本态度和准则，无论是显性的语言政策还是隐性的语言政策，都充分体现了这一基本方针。直至19世纪，政府继续推行强制化的英语语言同化政策，将其他语言边缘化，不断巩固英语地位，努力宣扬和扩大英语语言使用优势，在舆论上美化英语，强调美国英语的优越性，着力普及英语语言，可以说“唯英语教育”是19世纪美国语言教育政策的最典型特征。1880年美国首次以政府的名义颁发第一部要求学校贯彻“唯英语”教育政策的法规，后又陆续出台类似法令，确立英语为学校教学唯一使用语言。其间虽然经历了34年《双语教育法案》（Bilingual Education Act），但这种“唯英语”语言教育思想在美国政治上是贯彻始终的，贯穿整个20世纪，直至21世纪初。

第二次世界大战结束后，少数民族及弱势群体的民族意识也开始觉醒，追求个体权益与自由，倡导多元化成为社会生活中的主导话语。一方面为解决少数族裔学生的特殊语言教育要求，另一方面要提升他们的英语能力。1968年，联邦政府颁布《双语教育法案》，将双语教育正式纳入国

家正规的教育计划中。后多次修订双语教育政策与法规，如《平等教育权法案》(1974 年)，《双语教育法修正案》（1978 年）以及《双语教育法再修正》(1994 年)，以满足少数族裔接受平等教育的权利。《双语教育法案》的推行对“唯英语”教育具有一定的反驳作用，但是究其本质实际上也只是语言同化政策的过渡性教育政策，其目的就是通过双语教育使少数民族学生从他们的母语过渡到英语。到了 20 世纪 80 年代，美国的社会政治环境趋向保守，随着移民不断涌入，如 1980 年美国就有 2300 万非英语人口，大约占美国总人口的 38% 的，而到 1990 年非英语人口达到 3180 万，增长率为 38.1% 。人们开始担心英语的地位受到威胁，便提出限制其他语言的使用，希望从法律上将英语定为美国的官方语言，掀起一场“英语官方化运动”。以当时加利福尼亚州日裔参议员早川为代表的激进分子首先提出《英语修正案》，要求将英语定为美国官方语言，呼吁以立法的形式确立英语为美国的官方语言。他们认为一个统一的国家要有一个共同的语言才不会分裂；学习英语是每一个移民的首要义务，移民只有掌握英语才能够参与美国的民主政治。这种呼吁得到多数州的响应和民众的支持，民间批评双语教育的声浪不断升级，在里根政府执政的 8 年间，双语教育经费被大幅削减，双语教育在美国陷入低谷和困境。2002 年，随着布什政府签署的《不让一个孩子掉队》（No Child Left Behind）出台，以《英语习得法》终结了实施 30 多年的《双语教育法案》。

在分析政客和民众支持“唯英语”运动或“英语官方化运动”的原因时，学者认为主要是出于以下几个方面的考虑：

（1）英语历来是是各族裔最重要的“社会黏合剂”，使不同背景的美利坚人互相理解、消除隔阂；

（2）英语的统治地位随着移民的不断涌入已经受到或将来可能受到威胁；

（3）既然移民到美国就应该学英语；英语需要成为国际官方语言；

（4）其他国家有官方语言，美国也应该有；

（5）语言多样化必然导致语言冲突，种族仇恨，最后会导致政治分裂。

这场“英语官方化运动”一直持续至 21 世纪初，影响广泛，遍及全国，并于 2006 年 5 月以美国参议院通过《英语语言一致法案》为标志宣告运动以胜利告终，首次以立法的形式确立英语为美利坚合众国官方语言，同时取消政府对移民的某些非英语服务，实现了英语一统全国的一体化语言格局。

三、20 世纪美国外语教育政策回顾

如果说《双语教育法案》主要是应对国内的少数族裔的语言需求而设立的，那么《国防教育法案》（National Defense Education Act）和《高等教育法案》（Higher Education Act）两项法案则主要是由外部压力催生出来的。

20 世纪 50 年代的冷战时期，苏联人造卫星上天，使美国感受到前所未有的挑战和威胁。出于国防战略的考虑，1958 年美国国会颁布了《国防教育法案》。此法案虽然并非出于外语教育需要，但客观上却推动了美国外语教育的大力发展，也为国家在政府层面资助外语教育提供了政策基础。该法案首次将外语教学提高到与科技和数学等科目同等重要的位置，为一些冷门语种的语言教育提供政府资助。在《国防教育法案》的大力推动下，外语进入学校的课程体系当中，一系列有利于外语教育发展的政策法规随之出台。1965 年颁布的《高等教育法案》，明确了外语教育在美国政治经济生活中的重要性，强调政府全力提供资金以支持外语教学研究、外语教材开发以及外语培训和交流等以提高国家外语教育教学水平。

1984 年的《经济安全教育法令》更是从立法的角度保障和支持联邦政府为国家外语教育拨款。进入 20 世纪 90 年代，克林顿政府又颁布一系列法令和法案，强调国家外语能力对经济发展和国家安全至关重要的地位，如《国家安全教育法令》（1993 年），目的是为情报机构和外交部门培养更多的熟练掌握其他国家语言的专业人员。接下来的《2000 年目标：美国教育法案》（1994 年）和同年颁布的《美国学校进步法案》（1994 年），将外语类课程列为学校的核心课程，明确保证外语教学的学科地位和在国家安全方面的重要性，外语教学被推至国家安全至关重要的地位。

1996 年，以全美外语教师协会（ACTFL）为首的工作小组，联合美国国内的法语教师协会（AATF）、德语教师协会（AATG）、西班牙语和葡萄牙语教师协会（AATSP）等多家机构，第一次公布出版美国国家外语

课程标准《面向21世纪外语学习标准》(Standards for Foreign Language Learning in the 21 Century),掀起美国有史以来最大的一次外语教学改革,无论是在观念还是实际教学操作上,《面向21世纪外语学习标准》都是一份纲领性的文件,成为各州外语教学改革的重要参照,标志着美国外语教学步入全国统一标准阶段。该标准不但适用于美国的中小学外语教学,也适用于高等院校的外语教学,虽然在高校并没有那么大的反响,但时至今日仍然是指导全美各州外语教学的纲领性的教育理念和教学标准,其间经历了两次再版,分别是在1999年和2006年。《面向21世纪外语学习标准》制定了外语教学的五大培养目标,即所谓的5C标准:语言交际(Communication)、文化认知(Culture)、外语与其他学科的联系(Connections)、语言文化的比较(Comparison)以及参与社区(Community)。这一外语课程标准的宗旨是为了使美国公民能够适应日趋多元的全球化时代,具有使用英语和至少一门外语的能力,能够在多元化的国际社会中成功地进行交流。

四、21世纪美国外语政策特点

美国语言教育政策与法案一直以美国的语言文化为价值取向。21世纪伊始,美国及其重视外语教育立法与外语语言教育政策的制定是对美国当时所处形势的战略性回应。"9·11"恐怖袭击事件之后,美国政府清楚地认识到国家外语能力对国家安全的重要性,明显加大了外语教育的力度,相继出台了一系列提高国家外语能力的法案和项目,以期加强国家防御能力。在过去的十几年里,政府发布的关于外语学习的法案比美国历史上任何时候都多,国会、国防部、国家安全部、教育部、商业界等重要机构大力倡导国家外语能力,将外语能力与国家安全和军队外语能力建设等相关联。2003年,美国众议院向国会提交了《国家安全语言法案》,强调了美国面临的外语能力危机。2004年,美国国防部召开"全美语言大会",大会的主题是如何在21世纪发展外语战略以满足国家安全需要。2005年,全美语言大会发布的白皮书《国家外语能力行动计划》号召全美公民重视国家需要的"关键语言"的学习,鼓励通过外语能力和对世界文化的了解,使美国成为更强大的全球领导者。同年,美国国防部公布了

《国防语言变革路线图》（Defence Language Transformation Road Map）。2006年，布什政府发起了自《国防教育法案》之后最重要的“国家安全语言计划”（National Security Language Initiative），推出了以国家安全为直接目标的《国家安全语言计划》，明确国家语言能力与美国政治、经济和军事战略目的之间的关系，将与其利益和安全相冲突和相竞争的国家列为敌对国家，优先支持俄语、日语、阿拉伯语、汉语、伊朗语、印度语及突厥语系等。2011年美国国防部又颁布了一份五年发展规划，即《国防部语言技能、区域知识、文化能力的战略规划：2011—2016》（Department of Defense Strategic Plan for Language Skills, Regional Expertise, and Cultural Capabilities），进一步强调了语言技能、区域知识和文化能力对于国家安全的重要性，并在关键语种选择和数量上根据政府国防需求和国家战略变化而做出相应调整，如增加了中亚语种和“传承语”项目，其目的是吸引在美国的母语为关键语言的高端人才为国防部门服务。

上述美国政府的语言立法及语言教育政策的出台无不与当前经济全球化、文化多元化背景紧密相关。在具体实施上，美国关键语言战略从零散的政策和实施办法发展到集中的统筹管理和全面实施是一个不断完善的制度化过程。在实施过程中，一方面，美国政府一直避免直接干涉地方教育；另一方面，以资金扶持方式支持高校以及与民间和商业团体建立合作关系，间接介入语言教育，有很大的隐蔽性。

五、美国关键语言政策的实施手段和效果

美国关键语言政策实施过程中，其实施手段和目的不断调整，最终形成相对稳定的语言教育战略框架。在这一框架中，国防部、国务院、情报界和教育部是关键语言教育项目实施的强有力支撑，这些部门以国内高校为依托，设立战略合作支点，向外辐射，形成一整套“基础教育—高等教育—在职培训”的外语人才培养体系。

（一）国防部主要关键语言项目

“国家安全教育计划”（ENSEP）是国防部面向全国教育系统的最有影响力的关键语言教育项目，下设管理9个项目。其中在高校里影响较大

的两个项目是语言旗舰项目（Language Flagship Program）和传承语者英语提升项目（English for Heritage Language Speakers），由国防部委托美国国际教育学院（Institute of International Education）直接运作。前者是国防部与一些大学合作，资助在读本科生到关键语言所在国的大学里学习关键语言；后者是在学校里挖掘母语为关键语言的优秀学生，吸引他们加入传承语者英语项目，因为这类人群英语为第二语言，水平有待提高，国防部为他们专设英语培训项目，学业结束后，受资助者要为国防部或国务院下面的部门工作一年。2011 年起国防部与高校合作，在高校成立了 5 个语言培训中心（Language Training Centers），并逐年增加，目的是借助高校外语资源和研究能力为国家培训有高级外语技能的军官和文职人员，以弥补他们自身国防语言学院的不足。①

（二）国务院关键语言项目

美国在执行关键语言计划的一个主要措施是发展国家语言培训中心，即由国家拨款给高等学校和专门语言培训机构成立语言培训中心，如外交学院、国防语言学院和中情局大学语言学院。②

外交学院（Foreign Service Institute）位于首府华盛顿特区附近的阿灵顿市，是美国国务院直属部门，为国务院从事外交的公职人员提供各种从基础到高级的外事和语言培训。下设语言研究院［School of Language Studies（SLS）］，提供讲授的语种多达 70 多种。③

国防语言学院［Defense Language Institute（DLI）］是美国国防部最重要的外语培训和研究机构，学院下设 3 个中心：位于德克萨斯州的英语语言中心，由空军主管，中心主要任务培训来自同盟国的学员及英语水平较低的现役军人，学员来自 100 多个国家。外国语言中心地处加州蒙特雷，由陆军主管。中心主要是为军人进行短期强化培训（24 周到 64 周之间），中心现可提供 20 多种语言教学。华盛顿分部，利用地处华盛顿的国务院

① 见美国国防语言文化培训网站：http：//www. cultureready. org/affiliates/language – training – center – ltc.（上网时间：2017 年 11 月 26 日）

② 见美国教育委员会官网：https：//www. americancouncils. org/programs.（上网时间：2017 年 11 月 26 日）

③ 见美国国务院官网：https：//www. state. gov/m/fsi/.（上网时间：2017 年 11 月 26 日）

外交学院和 5 个商业外语培训学校的资源培养国防部需要的外语人才，可提供 40 多个非通用语或被称为“低密度语言”（low-density languages）教学，而这些非通用语言往往大学里并不开设。①

中情局大学（CIA University）的存在是为了满足情报人员特殊的需求，由于他们身份特殊，技能训练通常只能在特殊部门进行。2002 年 3 月，中情局合并了先前的 11 所学校，建立新的中央情报局大学。与传统大学不同，中情局大学对特工人员进行短期强化训练，培养他们的基本素质和技能。中情局大学语言研究院（Intelligence Language Institute）可提供 16 种外语教学，其中，法语、西班牙语、阿拉伯语、汉语、日语、德语是核心语言课程。为了鼓励情报人员学习外语，中情局根据雇员的语言水平、语言习得难度、关键语种实施奖励措施，以保持和提高雇员的外语能力。②

（三）情报部门

在实施关键语言项目上，美国情报部门也与高校合作，为情报界培养有关键语言能力和区域知识的情报人才。2005 年，情报界在高校成立“英才中心”，实施“情报界学者项目”（Intelligence Community Scholars），如“罗伯茨情报学者项目”（Pat Roberts Intelligence Scholars Program）。至 2014 年，情报界已与 20 多个美国高校或高校联合体建立合作关系，旨在高校挖掘有多文化背景的多学科人才充实情报界人才储备，培养高级情报人员、反恐专家和语言区域专家。③

其实，广为人知的星谈（Star Talk）计划项目也是由国家安全局和情报局提供资金和培训经费的。2006 年“国家安全语言计划”公布以后，Star Talk 于 2007 年启动，该项目的目的是为 K－16 在校生提供关键语言学习机会，申请者可以是高等院校、社区大学、中小学校等教学机构，也可以是各州的语言协会、民办社会组织等。项目实施的第一年就有 21 个

---

① 见美国国防语言学院网站：http：//www. dliflc. edu/.（上网时间：2017 年 11 月 26 日）

② 见维基百科关于美国国防语言学院的介绍：https：//en. wikipedia. org/wiki/Defense_Language_Institute.（上网时间：2017 年 11 月 26 日）

③ 见维基百科关于罗伯茨情报学者项目的介绍：https：//en. wikipedia. org/wiki/Pat_Roberts_Intelligence_Scholars_Program.（上网时间：2017 年 11 月 26 日）

州和哥伦比亚特区加入，34 个汉语和阿拉伯语教学项目获批，目前 Star Talk 项目范围已遍布全美 50 个州。关键语言的学习者和教授关键语言教师都可以在所在州得到培训机会，如果在外地培训还可以享受住宿、交通方面的津贴。①

从关键语言战略发展结果来看，目前分布在全美高校的语言研究中心、国防部语言培训中心、情报界英才培训中心等已经形成了数个互相交织的网络，但教育部下属的语言和区域中心还没有全面展开，高等院校参与的比列相对较低。未来联邦政府还将会更多与高校合作，继续加强与高校和地方院校的联系，依托高校和民间资源设立语言培训中心，增加战略支点。

总之，无论是国防部、国务院、情报界还是教育部的关键语言项目，其核心目标是通过资金支持来增加和储备关键语言的学习者。关键语言战略布局体现了从基础教育—高等教育到在职人员强化培训的一条龙人才培养框架，兼顾了国家的短期和长期利益，形成一个多组织、多层级的战略布局和实施架构。从宏观战略视角上看，关键语言战略属于国家顶层设计的公共政策，是美国政治的产物，决策权在国会。具体实施和操作上，由相关部门各自制定实施细则，目标各有侧重，各司其职，如教育部的项目任务是组织地方教学及科研机构具体实施人才培养方案，提升学校学生的总体外语能力；国防部和情报界的项目依托外交学院及短期强化语言培训机构培养和加强外语人才的储备以满足国家安全的需要。

六、对关键语言项目的评价与批评

美国关键语言教育战略是受语言危机驱动的、自上而下统筹全局的外语政策，以提升国家安全语言能力为目标的外语人才培养战略，目标明确，实施办法和手段多样。其短期目标是增加关键语言学习者数量、增强国防关键语言语种的教学能力，提升国防外语能力和情报分析能力；长期目标是增强公民外语能力及传播美国文化的公共外交能力，最终提升国家

① 见美国马里兰大学关于星谈计划的介绍：https：//startalk. umd. edu/public/about.（上网时间：2017 年 11 月 26 日）

综合语言能力，其本质是维护美国在日趋多极化的世界中的全球利益和世界霸权地位。美国语言问题安全化遭到很多学者的批评，主要涉及两个问题：一个是外语教育的目的是什么，二是联邦政府对外语教育应该扮演什么角色。

首先，以国家安全为导向的语言教育改变了传统外语教育的目标和内容。美国将假想敌国家的语言作为关键语种，以外语教育为文化霸权的工具来保障美国在世界的领导地位。这种以国家安全为导向，偏离外语教育本质的功利的语言政策受到学者们的强烈抨击。如美国学者斯科隆（Ron Scollon）认为这种语言功利观把语言学家和教师的工作降低到两个功能：一是开发语言情报分析工具，二是如何帮助外语学习者速成一种语言，而非以促进世界多元文化之间的理解为使命。

总之，从国家安全视角上看，关键语言教育政策视语言为“问题”，而非“资源”，自始至终以国家安全为核心，其每个发展阶段都服务于国家安全战略，是美国实用主义传统在语言教育政策方面的忠实体现。

总体而言，明确的语言政策法律在美国是不存在的，通过分析联邦教育立法中的具体法案和法令可以折射出，美国语言政策的脉络及其隐性特点。美国的语言政策在国家利益的驱使下自上而下不断调整变化，一方面不断维护英语的中心地位，另一方面加强国家安全语言。美国语言战略实施的成就来自民众的支持和政府高层的语言危机意识。全面了解美国内外语言教育政策的历史演变有利于总结语言规划经验，扬长避短把握发展趋势，并从语言政策比较中，找出我国语言规划和外语教育规划可借鉴的方法和措施。如果说语言已经成为维护国家利益与安全的战略武器，那么也应适时思考和制定中国关键语言战略。

参考文献

[1] 蔡永良：《论美国的语言政策》，《江苏社会科学》，2002 年第 5 期。

[2] 蔡永良：《美国二十世纪末的“惟英语运动”》，《读书》，2002 年第 1 期，第 75 - 82 页。

[3] 蔡永良：《美国的语言教育与语言政策》，上海三联书店 2007

年版。

［4］戴曼纯：《以国家安全为导向的美国外语教育政策闭》，《外语教学与研究》，2012 年第 4 期。

［5］李艳红：《美国关键语言教育政策的战略演变》，北京外国语大学，2015 年博士论文。

［6］刘艳芬、周玉忠：《美国 20 世纪双语教育发展状况解析》，《外语学刊》2011 年第 4 期，第 121 – 124 页。

［7］孙渝红：《语言教育与国家战略》，西南大学，2009 年博士论文。

［8］中国社科院民族研究所课题组：《国家、民族与语言——语言政策国别研究》，语文出版社 2003 年版。

［9］赵世举：《语言与国家》，商务出版社 2015 年版。

［11］周玉忠：《美国的语言政策及双语教学简述》，《语言与翻译》，2002 年第 4 期。

［10］周玉忠、王辉：《语言规划与语言政策：理论与国别研究》，中国社会科学出版社 2004 年版。

［11］Crawford，“J. Language Politics in the U. S. A.：The Paradox of Bilingual Education”，1998. http：//ourworld. compuserver. com/homepages/jwcrawford/.

［12］Headden，“One nation，one language?”，News & World Report，1995.

［13］F. H. Jackson，M. E. Malone，“Building the Foreign Language Capacity We Need：Toward a Comprehensive Strategy for a National Language Framework”，http：//www. cal. org. resources/Languageframework.

［14］R. Kaplan，“Language Policy：Dominant English Pluralist challenges”，John Benjamin Publishing Company，1997.

［15］R. Scollon，“Teaching Language and Culture as Hegemonic Practice”，The Modern Language Journal，Vol. 88，No. 2，2004，pp. 271 – 274.

奥巴马执政时期的语言政策成果

杨　宁*

作为社会语言学的一个分支，语言规划与语言政策的研究关注的是社区或国家的语言行为，语言政策是自上而下由政治权利机构制定并实施的政策，因而属于公共政策的一种，是政治权利在语言层面的表现。社会语言学家库珀①，曾提出语言规划研究所涉及的八大因素：

> 什么样的施为者（actor），为了什么目的，在什么条件下，通过什么途径，经过什么决策过程（decision – making process）试图影响哪些人的什么行为？产生了什么样的效果？

美国知名语言政策研究学者托马斯·里圣托②指出，语言规划和语言政策的研究，要看是什么语言由于什么目的得到规划，这其实反映了不同群体间的权力关系和社会政治经济利益。语言规划研究的理论和模式需要考虑意识形态、语言生态及规划者，来解释语言规划推动的进程和理由，并在评价在这一规划及政策提出、实施和评判时，保护的是谁的利益和价值观。

---

* 杨宁，北京语言大学外国语学部英语学院副教授，北京语言大学美国加拿大研究中心（教育部备案）研究人员。

① R. L. Cooper，"Languages Planning and Social Change"，Cambridge University Press，1989.（转引自丹尼斯 * 埃杰著，吴志杰译《语言规划与语言政策的驱动过程》，外语教学与研究出版社，2012，第6页。）

② Thomas Ricento，"Theoretical Perspectives：An Overview"，in Thomas Ricento，ed. "An Introduction to Language Policy：Theory and Method"，Blackwell Publishing，2006.

在这一章里，我们将考察奥巴马执政时期（2015 年 12 月）推出的《每个学生都成功法案》（Every Student Succeeds Act，ESSA），对比之前的语言政策，尤其是布什执政时期推出的《不让一个孩子掉队法案》（No Child Left Behind，NCLB，2002 年 1 月颁布），研究这一政策的主要内容和特点，讨论这一政策制定的主要驱动因素。

一、ESSA 的承继性与创新性

2015 年 12 月 10 日，奥巴马签署了《每个学生都成功法案》，并于 2016 年 1 月在全国推行。这是奥巴马自 2008 年就职美国总统以来推行的最为重要的语言政策，在奥巴马任期结束的前一年签署，也自然成为他执政的教育成果之一。要想了解为什么奥巴马要努力推行 ESSA，我们先要了解这一法案的由来、主要内容、承继性和创新性。

ESSA 又名《对 1965 初中等教育法案的再授权，以保证每个孩子都能达成目标》（An Act To reauthorize the Elementary and Secondary Education Act of 1965 to ensure that every child achieves.）。[①] 这是继 2001 年 NCLB（《不让一个孩子掉队法案》）之后，对 1965 年教育法的再次授权，那么这两次修订与原法案相比有什么异同呢？我们先用表 8—1 对这三个法案的基本框架做一个比较：

① “Every Student Succeeds Act”, US Department of Education，https：//search. usa. gov/search? utf8 = %E2%9C%93&affiliate = ed. gov&query = ESEA. （上网时间：2019 年 11 月 20 日）

表 8—1　ESEA，NCLB 及 ESSA 法案主要框架比较

	ESEA（1965）	NCLB（2002）	ESSA（2015）
法案主要目标	为所有孩子提供实质性机会，以得到公正、平等及高质量的教育，尽量缩小教育成果中的差距。 The purpose of this title is to provide all children significant opportunity to receive a fair, equitable, and high – quality education, and to close educational achievement gaps.	保证所有孩子拥有公正、平等和实质性机会，以获得高质量的教育，并至少实现州学业成绩达标和通过州学业评估的目标。 The purpose of this title is to ensure that all children have a fair, equal, and significant opportunity to obtain a high – quality education and reach, at a minimum, proficiency on challenging State academic achievement standards and state academic assessments.	同 1965 年
第一大项（TITLE 1）	提升弱势群体的学业成就 IMPROVING THE ACADEMIC ACHIEVEMENT OF THE DISADVANTAGED	同 1965 年	改善州及地方教育机构的基础项目 IMPROVING BASIC PROGRAMS OPERATED BY STATE AND LOCAL EDUCATIONAL AGENCIES
第二大项（TITLE 2）	预备、培训及任用高水平的教师、校长及其他学校领导 PREPARING, TRAINING, AND RECRUITING HIGH – QUALITY TEACHERS, PRINCIPALS, AND OTHER SCHOOL LEADERS	预备、培训及任用高水平的教师、校长及其他学校领导 PREPARING, TRAINING, AND RECRUITING HIGH QUALITY TEACHERS AND PRINCIPALS（同 1965 基本相同）	同 1965 年

续表

	ESEA（1965）	NCLB（2002）	ESSA（2015）
第三大项（TITLE 3）	为英语学习者及移民学生提供语言教学 LANGUAGE INSTRUCTION FOR ENGLISH LEARNERS AND IMMIGRANT STUDENTS	为英语有限者及移民学生提供语言教学 LANGUAGE INSTRUCTION FOR LIMITED ENGLISH PROFICIENT AND IMMIGRANT STUDENTS（同1965基本相同）	同1965年
第四大项（TITLE 4）	21世纪学校 21 ST CENTURY SCHOOLS	21世纪学校 21 ST CENTURY SCHOOLS	21世纪学校 21 ST CENTURY SCHOOLS
第五大项（TITLE 5）	灵活性与问责制 FLEXIBILITY AND ACCOUNTABILITY	发展基于知情权的家长选择和创新项目 PROMOTING INFORMED PARENTAL CHOICE AND INNOVATIVE PROGRAMS	各州创新与地方灵活性 STATE INNOVATION AND LOCAL FLEXIBILITY
第六大项（TITLE 6）	印第安人、夏威夷人及阿拉斯加原住民的教育 INDIAN，NATIVE HAWAIIAN，AND ALASKA NATIVE EDUCATION	灵活性与责任性（同1965年第五大项） FLEXIBILITY AND ACCOUNTABILITY	同1965年
第七大项（TITLE 7）	政策补贴（指联邦政府对因免税政策而失去财产税收入的地方教育机构给予的资助） IMPACT AID	印第安人、夏威夷人及阿拉斯加原住民的教育（同1965年第六大项） INDIAN，NATIVE HAWAIIAN，AND ALASKA NATIVE EDUCATION	同1965年
第八大项（TITLE 8）	基本条款 GENERAL PROVISIONS	政策补贴计划（指联邦政府对因免税政策而失去财产税收入的地方教育机构给予的资助）（同1965年第七大项） IMPACT AID PROGRAM	同1965年

续表

	ESEA（1965）	NCLB（2002）	ESSA（2015）
第九大项（TITLE 9）		一般性条款（同1965年第八项）GENERAL PROVISIONS	对无居所者的教育及其他法律 EDUCATION FOR THE HOMELESS AND OTHER LAWS
第十大项（TITLE 10）		对其他法令的废止、重启和订 REPEALS, REDESIGNATIONS, AND AMENDMENTS TO OTHER STATUTES	

资料来源：三个法案英文全文均从美国教育部（U. S. Department of Education）[①] 官方网站下载，中文翻译及表由笔者完成。

从表8—1可以清楚地看出，无论是NCLB还是ESSA，都是对1965年《初中等教育法案》的承继和修订，主要目标是保证教育公平，缩小教育差距，力求每个孩子能有同等的机会得到高质量的中小学教育。

随着20世纪五六十年代民权运动的蓬勃发展，反对种族歧视、争取少数族裔公平权益的呼声愈发高涨。1964年7月，约翰逊总统（President Lyndon Johnson）签署了美国历史上最为重要的公民权益法案《民权法》（Civil Rights Act of 1964），认定剧院、餐厅、酒店等商业场所的种族隔离行为为非法行为，禁止雇佣关系中的种族歧视行为，禁止一切公共场所，如游泳池、图书馆及学校的种族隔离行为。1965年由约翰逊总统签署的《初中等教育法案》（也有翻译为《中小学教育法》或《初等及中等教育法案》），是在教育领域对《民权法》的积极响应。该法案及之后的两次修订（1966年、1967年），关注的主要问题是教育差距，针对的是弱势群体的孩子们，包括少数民族、偏远地区、贫困人口、移民及有健康缺陷的孩

① “What is ESEA”, US Department of Education, https://search.usa.gov/search?utf8=%E2%9C%93&affiliate=ed.gov&query=ESEA.（上网时间：2019年11月20日）

子，目标是让所有的孩子都得到公平的高质量教育机会。①

1968 年颁布的《双语教育法案》，又名《初中等教育法案》第七项（Title VII）修订，强调了双语教育的重要性，为双语学生提供母语学习的机会，同时帮助他们提高英语学习能力。1994 年颁布了其修订法案《改善美国学校教育法案》（Improving American Schools Act，IASA），废除了对学生三年双语学习的时间限制，这一支持双语学习的态度在 2002 年发生了转变，《双语教育法案》被废止，NCLB 法案的实施从很多方面重新回到"唯英语"教育的老路上。

美国学者埃文斯和霍恩伯格② 对比了 IASA 和 NCLB 两个法案，发现两者在政府资助、英语学习时间和评估标准等方面都有较大区别，事实上，语言规划的导向（orientation）发生了不小的变化，语言规划导向是指对某种语言的态度，正如美国学者鲁伊斯③ 所总结的那样，语言规划通常有 3 种导向：语言作为问题、语言作为权利、语言作为资源。

他们认为，NCLB 的推出改变了之前 30 年将双语或多语作为资源，甚至是权利的导向，把双语或多语看成是需要解决的问题，双语教育法案被《英语语言习得，提高和学业成果法案》（English Language Acquisition, Language Enhancement, and Academic Achievement Act）所取代，"双语"这个词被去掉，少数族裔的母语不再被当作有益于英语学习的资源，英语水平成为衡量学业成绩的必要性指标，学生母语的重要性大打折扣。IASA 没有对学生学习英语的时长做出规定，理解双语学生需要几年时间来达到相应的英语水平，NCLB 则认定双语学生可以在 3 年内具备与英语为母语的学生等同的英语水平。IASA 资助的活动与项目更为广泛，其中不乏双语学习的项目，而 NCLB 则规定所资助的项目必须与英语学习的核心课程有关，这其中并不包括双语学习课程。虽然两个法案都提供资助，NCLB 的资助范围覆盖所有英语水平有限学生（Limited-English-Proficient Student）的学校，IASA 的资助需要竞争，覆盖的学校更少一些，但全国内每个英语学习者的平均资助数额，NCLB 却少于 IASA。从问责的角度来

① 周玉忠：《美国语言政策研究》，外语教学与研究出版社 2011 年版。

② Bruce A. Evans and Nancy H. Hornberger, "No Child Left Behind: Repealing and Unpeeling Federal Language Education Policy in the United States", Language Policy, Vol. 4, 2005, pp. 87 – 106.

③ R. Ruiz, "Orientations in language planning", NABE Journal, Vol. 8, 1984, pp. 15 – 34.

说，IASA 只针对得到资助的机构和项目，没有达到要求就会失去资助，NCLA 针对的是所有学校，如果没有达到联邦规定的标准，就需要整改、解聘员工或为学生提供辅导。

美国中小学是 K－12 制，根据 NCBL 法案，所有 3—8 年级学生必须参加年度考试并确保所有学生在 12 年级时达到州级年度水平。这种一刀切的“联邦问责制”（federal accountability system）忽视各州与各个学校不同的特点，有许多地方及学校无法达标，就会受到惩罚，引起很多反对声。

他们还认为，NCLB 在很多方面与语言教学研究成果相悖，如对待英语外语言的态度，当代语言学研究认为，每个语言都不是独立存在的，而是和其他语言一道形成一个语言生态环境，对于双语或多语者，其母语或其他语言的学习会有助于英语的学习，双语课堂的学生学习英语的成绩会等同或是好于只学英语的学生①；反过来说，学习了外语的英语母语学生也会比只学英语的学生成绩更好②另外关于英语学习时间，尽管 NCLB 采用的是“适当年度进步”（adequate yearly progress，简称 AYP）的政策，但根据以往研究成果，两到三年的英语学习只能达到日常交流的水平，要达到 NCLB 要求的和母语为英语学生同等的学科英语水平，需要至少 5 年甚至更长的时间。③

针对 NCLB 所引起的各方面批评，2010 年 3 月奥巴马政府提出初中等教育改革蓝图（A Blue Print for Reform），从问责、弱势学生群体、未达标学校、教师及学校领导的培训等各方面提出改革方案，在此基础上，通过两党多次协商与修订，终于在 2015 年 12 月 25 日，奥巴马总统签署了

---

① Cummins, Jim (1981). Age on arrival and immigrant second language learning inCanada: A re-assessment. Applied Linguistics, 11 (2), 132 - 149. Bruce A. Evans and Nancy H. Hornberger, “No Child Left Behind: Repealing and Unpeeling Federal Language Education Policy in the United States”, Language Policy, Vol. 4, 2005, pp. 87 - 106.

② Collier, Virginia (1992). A synthesis of studies examining long - term languageminority student data on academic achievement. Bilingual Research Journal, 16 (1&2), 187 - 212. Thomas, Wayne, & Collier, Virginia (1996). Language - minority student achievement and program effectiveness. NABE News, 19 (6), 33 - 35. Cummins, Jim (1979). Cognitive - academic language proficiency, linguistic interdependence, optimal age and some other matters. Working Papers in Bilingualism, 19, 197 - 205.

③ Thomas, Wayne, & Collier, Virginia (1995). Language minority achievement andprogram effectiveness. California Association for Bilingual Education Newsletter, 17 (5), 19 - 24.

《每个学生都成功法案：对1965年初中等教育法案的再授权》（ESSA），这份圣诞礼物获得了全美国的欢迎。

首先，奥巴马肯定了NCLB推出的价值与意义："《不让一个孩子掉队法》的目标是正确的：高标准、问责制、消除成绩差距。"同时，奥巴马也指出：在实践中，"NCLB常常未能达到目标。它未能考虑每个社区的特殊需求。它花费了课堂太多的时间用于测试。它常常迫使学校和学区采用一刀切的改革。而这些都不能产生我们想要得到的结果。这就是我们要修改这个法案的原因"。

因此，ESSA与NCLB一样，都承继了ESEA的基本原则：资助低收入、少数族裔、移民、身体残疾、无家可归等各类弱势群体的孩子，扶助相关的各类教学机构，培训教师，培养学校组织者，以保证每个孩子能有同等机会享受高质量教育。同时，ESSA在许多方面进行了改革，与NCLB的责罚策略相比，ESSA更多地是采取激励策略。据《今日美国》2015年12月10日发表的文章称，ESSA与NCLB的不同主要体现在如下几个大的方面[①]：

（一）增强测试方式的多样性和综合性

针对K－12初中等学制，NCLB要求3－8年级学生每年参加一次数学和英语的评测，升入高中后，9－12年级期间至少再参加一次评测；在小学、初中和高中阶段至少要参加一次科学课程的测试。ESSA则将测试的方式和受测课程类型交由各州自己决定，比如每年一测可以分成一年中的几次阶段性小测试，同时测试的形式应该多样，不应局限于标准化考试，而是采用多维度综合性考试，以准确考核学生所学习的知识，同时关注学生的身心健康以及全面发展。

（二）评估标准和问责方式的改变

NCLB要求各州制定统一的测试标准（State Standards），不分学区、

① "The Every Student Succeeds Act vs. No Child Left Behind: What's changed?", USA Today, Dec. 10, 2015, https://www.usatoday.com/story/news/politics/2015/12/10/every-student-succeeds-act-vs-no-child-left-behind-whats-changed/77088780/.（上网时间：2019年11月20日）

学校类型和学生类型，在2014年前，所有学生的英语阅读、数学及科学的成绩都要达到“熟练程度”，如果未达NCLB规定的“适当年度进步”（adequate yearly progress，简称AYP）的要求，学校则会受到相应的惩罚，被要求整改。达标时间拖得越久，惩罚就越严厉，包括收回资助、增加课外辅导课时、学生重新择校、甚至撤换校长、裁退教师，直至关闭学校，交州政府托管。但直到2010年，还有66%的学校无法达到年度进步要求，显然这一要求是不切合实际的。

ESSA取消了年度进步计划，由各州制定自己的审核标准，州政府则需要向联邦上交年度审核计划，同时删减了不必要的各类测试。要求各州鉴定不达标的学校，对排名最后的5%的学校、高中毕业率不到67%的学校，以及有一定比例弱势学生群体的学校进行资金扶持和改善计划，取代了NCLB的惩罚性规定，并延长改善时间，一直没有改善的学校最终会被州政府接管，至于州政府将如何干预，则由州政府自行决定。

在保证州政府自由度的同时，非强制性推荐和推行州立共同核心标准（Common Code of State Standards）。共同核心标准是2009年由48个州、两个地区及哥伦比亚特区通过全美州长协会中心和全美首席教育官员理事会共同制定颁发，主要包括中小学标准，以及高等教育和职业预备标准。截至2015年8月，有42个州、华盛顿特区、美国国防教育中心及两个岛都采用了英语和数学的共同核心标准。① 在ESSA实施之前，奥巴马政府为采用共同核心标准的州提供资助，并豁免他们可以避开NCLB的达标要求。奥巴马提出“力争上游”（Race to the Top）计划，包括4个方面：采用国际学业评价标准，招募和保持高质量师资队伍，建立监测学生学习状况数据库，改造表现不佳的学校。设立了43.5亿美元的教育基金用于此计划，鼓励各州通过项目竞优，获取这项资助。

（三）资助力度

NCLB的预期的拨款并没有到位，如2002年按法案规定的320亿美元的拨款，但其实远远没有那么多的款项到位，以2015年为例，最终到位

---

① “Development Process of Common Code of State Standards”, http://www.corestandards.org/about-the-standards/development-process/.（上网时间：2019年11月20日）

的资金只有230亿美元。ESSA实施后，2016年最终拨款为249亿美元，根据国会的预算计划，到2020年这个数字会增长到258亿美元。

（四）大力发展弱势群体的学前教育

ESSA最重要的一个特点就是重视早期儿童教育，这是NCLB没有专门涉及的内容。ESSA关注5岁以下双语学习者的教育，以及早教从业者的培训和支持，允许K－12的基金用于5岁以下儿童早期教育。

以2017年财政年度为例，政府资助2.474亿美元的基金项目，支持0—5岁的早教项目，用于早教儿童需求评估（包括学生人数）、策略性规划、从早教到小学过渡的研究项目（主要是合作和改善项目）、父母协助项目（帮助父母理解政策内容和实施方式）等。为落实这些改革措施，实行了报告制度，即州政府如果要使用此类基金，需要报告州内相应的支持计划，并向美国教育部上交年度报告，包括学前教育中学生人数。同时，加强启智计划（Head Start），以便链接学前与小学教育，要求孩子不仅学习英语，也要加强家族语言（home language）的学习。

启智计划（Head Start）始于1965年，是响应约翰逊总统“反贫困战争”的政府计划，目的是扶助低收入家庭的早期儿童教育，1995年，第一批早期启智项目资助发放，1998年10月，启智计划扩大为全日和全年的计划。2007年启智计划再次授权，又称《2007为学前预备改善启智计划法案》（Improving Head Start for School Readiness Act of 2007），进一步完善早教学习标准、早教教师资格及项目监管等方面的规定，并重新设计了培训及技术支持系统，以保证六个国家级中心和以州为基础的管理系统的顺利运行。自1965年以来，受益于启智计划的儿童累积人数达3200万，每年为全国100万儿童和他们的家庭提供资助，2015年投放的资金达91.68亿美元。

（五）其他政策

奥巴马推行的“力争上游”计划（Race to the Top）鼓励各州通过竞争的方式获得政府的资金支持，所覆盖的项目不仅为高等教育做准备，同时也支持职业教育的发展。

另外，政府鼓励成绩好的特许学校（Charted school），关闭成绩不好的特许学校。自从1992年第一所特许学校创办以来，美国已经有4000所特许学校。学生主要是来自低收入家庭的黑人学生。根据全国教育评估（NAEP）2007年的评估中，特许学校4年级的阅读与数学成绩，8年级学生的数学成绩，总体上低于传统公立学校的学生。特许学校在早期建校阶段主要靠慈善捐款，缺乏公共基金的长期支持。奥巴马呼吁创办更多更好的特许学校，“不仅要支持现存学校，而且要激发创新”，呼吁加强对教育创新和企业化运作的投资力度①。

奥巴马2011年提出用10年时间培养出10万名STEM（科学，技术，工程，数学）的优秀教师，为此美国政府拨款10亿美元用于师资培养，鼓励优秀大学毕业生从事中小学教育，尤其是师资匮乏的地区。

虽然ESSA与NCLB相比有很多创新之处，但以英语为中心的教育政策与语言政策并未有实质性改变。这既有传统的政治权利为导向，也有语言经济学方面的考虑，换句话说，英语学习能力的提高，对少数族裔、新移民或低收入家庭的学生来讲，往往是提高生活水平和教育水平的重要因素。

二、ESSA实施以来的成果

2009—2016年，经过7年的努力，美国高中毕业率达到81%，为历史最高水平，辍学率降至历史最低水平，其中，西班牙裔学生的辍学率只有2000年的一半，黑人及低收入家庭学生的辍学率降低了1/3还多，那些辍学率极高的学校数目比2008年降低了一半。②

2011年，有5个州的高中毕业率在70%以下；到2016年，全国没有一个州高中升学率低于71%。2011年，没有一个州达到90%的毕业率，只有9个州的毕业率在85%以上；2016年，有2个州达到90%以上，25个州的毕业率超过85%。在2011年那些毕业率最低的州（62%－73%）上升幅度都超过了全国平均水平（5.1%）。同时，最高毕业率和最低毕业

① 范国睿：《奥巴马的教育蓝图》，教育科学出版社2010年版，第10页。

② “White House Report: The Every Student Succeeds Act”, https://obamawhitehouse.archives.gov/the-press-office/2015/12/10/white-house-report-every-student-succeeds-act.（上网时间：2019年11月20日）

率的差距缩小了6个百分点。此外，少数族裔学生辍学率大大降低，西班牙裔学生辍学率是2000年的一半，黑人和低收入家庭学生辍学率减少了1/3，被称为“辍学工厂”的学校数量减少了近一半①。尽管如此，黑人与西班牙裔学生的毕业率与白人相比依旧有很多差距，如图8—1、图8—2所示②：

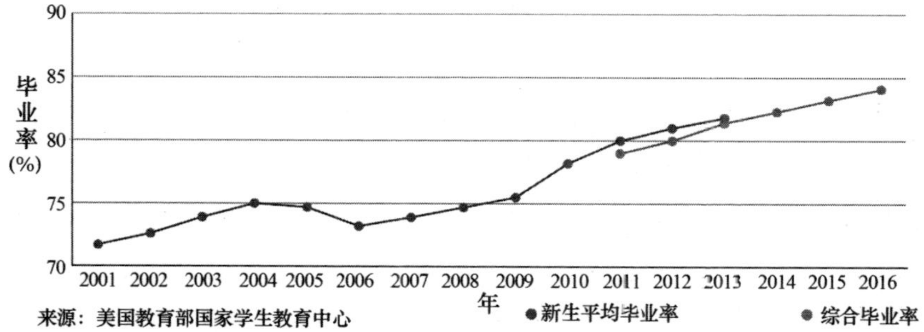

图8—1　2001—2016年高中毕业率（新生起算毕业率及四年综合计算毕业率）

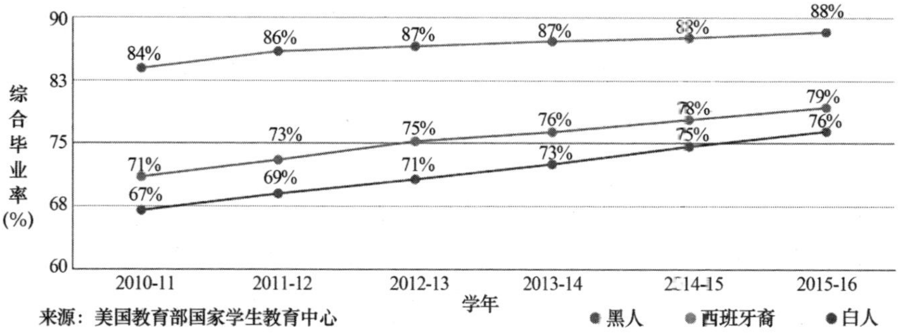

图8—2　2010—2011学年至2015—2016学年黑人、西班牙裔及白人高中学生四年综合毕业率

---

① “Every Student Succeeds Act：A Progress Report on Elementary and Secondary Education”, released by Executive Office of the President in December 2015, https：//obamawhitehouse. archives. gov/sites/whitehouse. gov/files/documents/ESSA_Progress_Report. pdf.（上网时间：2019年11月20日）

② “Building a Grad Nation：Progress and Challenge in Raising High School Graduation Rates”, Annual Update, 2018, http：//new. everyl graduates. org/wp－content/uploads/2018/06/18930_Civic_BGN_v7. pdf.（上网时间：2019年11月20日）

三、ESSA 语言政策的驱动因素

ESSA 之所以成为奥巴马执政期间强力推行的教育法案，本章认为，具有外部和内部两种驱动力，外部驱动是与奥巴马执政时期的国内政治经济环境密切相关，有着语言经济学的意义；内部驱动是基于奥巴马自由主义的政治理念，与奥巴马本人强调社会平等公正的价值观密不可分。

（一）美国金融危机与奥巴马的改革

奥巴马 2008 年当选总统时，美国经济开始经历次贷危机，奥巴马在滚石杂志采访中回顾就任时的美国状况，称之为自大萧条以来最严重的金融危机。2008—2010 年，美国贫困人口持续增加，2010 达到 15.1%，为 52 年来的最高值。贫富差距不断拉大。2008 年失业率为 5.8%，2009 年 1 月猛增到 8.5%，此后一直在 9% 上下波动[①]。

为了应对经济上的困境，奥巴马大力推行削减赤字，增长经济和创造就业岗位的经济政策。通过银行拯救计划，汽车工业紧急援助，经济刺激一揽子计划，大规模调整华尔街，重建保健体系，限制排放与交易法案。从 2013 年开始，政府向个人年收入高于 40 万美元或家庭年收入高于 45 万美元的富裕人群增税，所得税率从现行的 35% 上调至 39.6%，确保中产阶级家庭的税率不会提高。[②]

医保改革是奥巴马最为着力的领域。由于美国缺乏全民医保制度，人均医疗保健支出昂贵，是发达国家平均水平的一倍，严重限制了居民消费，对经济复苏造成巨大压力。奥巴马批评保险公司滥用保费，奥巴马的医保改革允许年轻人在父母医疗保险范围内享受一些保障，直到 26 岁或 27 岁。还对小型企业补贴，以便他们有更多的动力为员工提供医保。医保制度覆盖美国 95% 的人口，根据兰德公司 2014 年 4 月的调查报告，享

---

① 中国社会科学院和平发展研究所：《奥巴马政府内外政策调整与中美关系》，中国社会科学出版社 2015 年版，第 5 页。

② 中国社会科学院和平发展研究所：《奥巴马政府内外政策调整与中美关系》，中国社会科学出版社 2015 年版，第 9 页。

受医保的美国人口从2013年9月到2014年3月净增930万人①。

奥巴马支持新能源政策，扶持小企业的发展。奥巴马认为“小企业是创造工作岗位的最快途径”，由于小企业面临融资难，奥巴马政府将小管理局贷款项目的覆盖面，提高了70%。减免了担保和费用，简化流程，减免小企业的资本受益税。

同时缩减军事预算，从伊拉克和阿富汗撤军。提倡禁止使用步枪和大容量弹匣，调查购枪者背景等枪支管控措施。

奥巴马所推行的这些政策，一方面是为了大幅增加公共投资来刺激消费，创造更多就业岗位，以帮助经济踏上复苏的道路，另一方面，是遵循向低收入和普通公民倾斜，以缩小贫富差距，力求社会公正的执政方向。这两方面的驱动力，在移民政策改革中，也非常明显。

（二）奥巴马移民政策与自由主义理念

奥巴马将之前的移民体系被称为“支离破碎”的体系（详见美国全国广播公司2012年底谈话节目《与媒体见面》②）。奥巴马在第二届任期开始，就积极全面推动移民政策改革，他曾说，如果国会没有及时实施改革，他将提交自己的法案。当接受美国电视网（2013年1月31日③）采访，被问到“什么是及时的方式”时，他期待的是用三个月的时间通过一项法案。他认为“全面移民改革能够使美国经济更加强大，既承继了传统精神，也有益于未来发展。可以确保一些怀抱梦想的年轻人有参军、创业等为国贡献的机会。也会吸引全球的人才来美国发展”。

移民政策改革的一个核心问题是如何为非法移民提供恰当的切实的入籍途径，同时简化合法移民的程序，及时处理他们的入籍要求。在奥巴马看来，非法移民入籍的基本原则是，他们在美居住期间是否遵纪守法，友善和睦，已经在美国扎根，而不再纠结他们来到美国的途径是否合法。2012年6月15日，美国政府宣布，停止遣返儿童时期进入美国的守法年轻非法移民，并向他们发放工作许可证（Deferred Action for Childhood Arri-

① 中国社会科学院和平发展研究所：《奥巴马政府内外政策调整与中美关系》，中国社会科学出版社2015年版，第48页。

② 成应翠、李雪：《奥巴马震撼原声－深度访谈篇》，科学出版社2013年版，第29页。

③ 成应翠、李雪：《奥巴马震撼原声－深度访谈篇》，科学出版社2013年版，第3页。

vals，DACA）。DACA 使 170 万人受益，其中 85% 的人是拉美裔。奥巴马消减了对非犯罪移民的驱逐人数，奥巴马解释说，在遵守法律的同时，也要尽量考虑人道主义。这才是推迟驱逐非法移民的根本原因，比如夫妻团聚的问题。

2014 年奥巴马发布了修正法案《DAPA》，这次暂缓遣返的对象是父母，有 400 万美国父母有资格申请，但由于 26 个州强烈反对，这一法案最终流产。

移民政策研究院（MPI：Migrants Policy Institute）调查了 15 – 32 岁的非法移民的教育和工作特征①，发现几乎所有符合申请 DACA 的人都是学生或工作者，其中 1/4 是在职学生。5% 已经具有本科及以上的学位。2014 年的数据调查显示，120 万人具备即刻申请资格，其中 31% 是高中在校生，33% 是高中毕业生，另外的 1/3 为大学在校生或已经获得大学文凭的人，5% 已经获得学士或以上学位。相对而言，37% 的美国同年龄段年轻人正在或已经接受大学教育，18% 已经获得学士或以上学位。也就是说，在 15—32 岁的年龄段，54% 的美国人享受了大学教育，符合 DACA 的非法移民享受大学教育的只有 36%。

同时发现，相比全国 16—32 年龄段的工作者，有 DACA 申请资格的非法移民从事的是技术含量更低的工作，而不符合 DACA 申请资格的非法移民们从事的大多是体力劳动。与之相比，有 DACA 申请资格的非法移民更多从事的是白领工作，如在室内、有正式的商业场所、有正常的工作时间和更好的薪水。女性比男性从事的工作技术层次更高，比如看护和教育类工作，而男人从事的多是体力劳动：16% 从事食品加工和服务行业，15% 从事销售及相关服务，12% 从事办公室及行政工作。与美国其他从业者相比，他们从事的工作技术含量更低，更少从事教育，医疗及管理岗位。他们中 40% 为女性，却占据了 80% 的医疗服务岗位，71% 工作在教育培训和图书馆工作岗位，67% 为医疗实习和技术工人，64% 从事办公室及行政工作。

---

① Randi Capps, Michael Fix and Jie Zong, "The Education and Work Profiles of the DACA Population", August, 2017, https: //www. migrationpolicy. org/research/education – and – work – profiles – daca – population.（上网时间：2019 年 11 月 22 日）

据2016年MPI调查的数据，2016年就有190万人是潜在的申请者，其中130万人已经具备申请资格，39.8万人需要首先获得高中毕业证或等同的教育背景即可申请，22.8万人不满15岁，未来将获得申请资格。

2017年3月申请的DACA人数达88.7万人，其中78.8万人的申请得到通过，79.9万份要求2年延期的申请得到批准。

奥巴马的移民政策，一是为了拉拢拉美裔和其他少数族裔的选民，兑现竞选承诺，并为继任拉选票；二是应对美国人口老年化的趋势，留存高科技、潜在高校毕业生和年轻的劳动力大军。这同时也体现出奥巴马的自由主义政治理念，强调公平、平等，关注对少数族裔和低收入人群，这一理念同样体现在奥巴马的教育政策改革上。他曾说："我们美利坚的理想是每个孩子，无论种族、背景、收入、居住区域，都应有机会获取他们生命中所希望得到的。"

（三）移民教育问题与奥巴马的教育改革

奥巴马十分重视教育改革问题，竞选阶段有关教育改革的演讲就有12次，与共和党不同，奥巴马希望联邦政府在教育事务中起更为重要的作用，优化基础教育，尤其是学前教育，计划投资100亿美元，确保每个孩子都能得到高质量的学前教育。

2012年9月，奥巴马接受美国全国广播公司的专访，回顾了教育改革中的一系列问题。首先探讨的是关于《不让一个孩子掉队》法案的修订，将会把更多的自主权下放到各州，但有些州会出现根据种族制定不同学习标准的现象，如非裔美国人比白人学生的要达到的标准更低。奥巴马认为，在中小学评价机制方面，要根据学生的实际情况，确保每个学生都在进步，而不是依照同一标准，把无法达标的学生定位为失败者。奥巴马2008年5月7日在桑顿（Thornton）的一所中学演讲时表示："不能因为考试而遮蔽了创造，必须让考试激发创造"。[①]

针对学费越来越昂贵的问题，奥巴马指出华尔街改革方案的内容之

---

① Sen. Barack Obama's speech, "What's Possible for Our Children", was delivered at Mapleton Expeditionary School of the Arts in Thornton on May 7, 2008, https://www.denverpost.com/2008/05/28/full-text-of-obamas-education-speech/.（上网时间：2019年11月22日）

一，就是成立消费者金融保护局，公开消费信息，让学生在择校前知道自己未来的欠债数额，以便理性管理自己的开支。力争扩大高等教育的覆盖范围，为完成100小时社区服务的大学生减免4000美元的学费。

奥巴马推出的ESSA更加关注少数族裔和低收入人群的教育质量问题，这与日益增长的移民人口密切相关，如图8—3所示①：

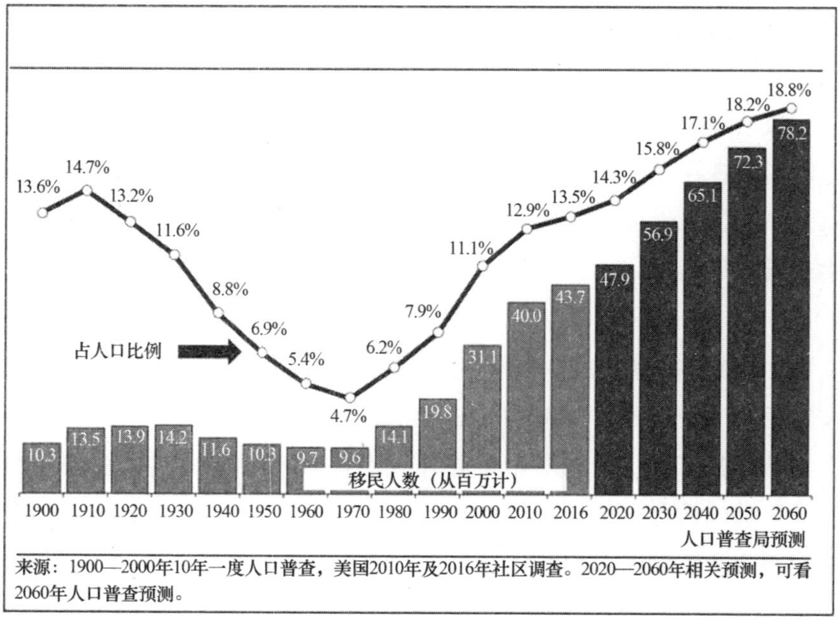

图8—3　1900—2016年美国移民的人数及比例和人口普查局对未来至2060年的增长预测

美国移民数量以每年平均200万的速度增长，随之而来的是移民所面临的收入水平低，就业困难及教育质量无法保证等问题。尤其是移民家庭的双语儿童，所受的影响更大。

① Paul Bedard. "US immigration population hits record 60 million, 1 - of - 5 in nation", Washington Examiner, October 16, 2017, https://www.washingtonexaminer.com/us-immigration-population-hits-record-60-million-1-of-5-in-nation.（上网时间：2019年11月23日）

据 ACS（American Community Survey）2011—2015 年的调查数据显示①，全美有大约 1150 万 0—8 岁的双语儿童，占同年龄段儿童总数（3630 万）的 1/3，而 2000 年双语儿童只占儿童总数的 1/4。超过 70% 的双语学习者有至少一个外国出生的父母，95% 的双语者是在美国出生的。双语儿童人口增长了 24%，而非双语儿童人口下降了 5%，从 2600 万下降到 2480 万人。超过 60% 的双语儿童为西班牙裔，亚裔为 15%，6% 为黑人。非双语儿童中 67% 为白人，而双语儿童中白人只占 16%。

在 1280 万的双语儿童父母中，65% 为移民，而在 830 万移民父母中，1/4 是新移民，即近 10 年才移民美国的人，他们来自 20 个国家，其中墨西哥 41%，印度 7%，萨尔瓦多 4%，中国与菲律宾各占 3%。2010 年以来，墨西哥移民人数有降低的趋势，印度及中国及其他国家的移民人数有增长的趋势。

只有 10% 的双语儿童父母只说英语，60% 的移民父母说西班牙语，3% 说中文，塔加路族语（菲律宾）、越南语和阿拉伯语各占 2%。新移民中，西班牙语为母语的人数有所降低，为 46%，其他语言的父母人数有所增长。

ACS 调查数据显示，双语儿童（3—4 岁）注册学前课程的少于非双语儿童（42%，48%），双语儿童的母亲不工作的更多，自己照顾孩子，40% 为英语水平有限人员，收入更低，对学习资源和信息了解更少，31% 的双语儿童家庭收入在联邦贫困线以下，非双语家庭则是 22%，22% 的双语儿童父母没有高中毕业，而非双语的只有 6%。

虽然双语环境有利于儿童大脑发育，但联邦或州政府所提供的早期儿童教育项目，双语家庭却未能充分受益，有 24%（270 万）双语儿童的家庭成员都是英语水平有限人员，被称作语言隔离，由于父母无法接触到教育，医疗和社会服务，对孩子有很多不利的影响。

大部分的早教项目和中小学教育都由州政府和地方政府来设计和执行，州与州之间有许多差异：以西班牙语的家庭为例，他们分布在各州的

---

① Maki Park, Jie Zong and Jeanne Batalova, "Growing Superdiversity Among Young U. S. Dual Language Learners and Its Implications", https://www.migrationpolicy.org/research/growing-superdiversity-among-young-us-dual-language-learners-and-its-implications.（上网时间：2019 年 11 月 23 日）

比例分别是：78%得克萨斯州，71%新墨西哥州，50%威斯康星州，爱荷华州，30%—31%密歇根州和俄亥俄州，16%佛蒙特州和缅因州，这也说明了NCLB忽视州与州之间差别是很难推行下去的，ESSA恰恰是考虑到这一差别。

另外，ESSA强调师资培训和教学质量的监督，也是针对早教师资匮乏，教师质量参次不齐的现象而制定的。

据MPI调查数据①，自1990到2015年，早教从业者从1100万增加到1800万，其中95%为女性。而据估计，2014—2024年，将有15.87万个早教领域的新工作岗位诞生。本国出生的从业者增长了37%（100万—140万），外国出生的从业者增长了241%，占总数比例从8%上升到18%，近一半在私人家庭（67%）或中心类（50%）早教机构工作，只有35%在早教学校教书，或担任项目官员的职位（24%），而本国出生的从业者在这两种工作中的比例是他们的2倍。

22%的早教从业者可以说除英语外的一种语言。其中的61%只有不超过副学士的学位（大学修满2年），与55%的美国从业者比例相比高很多，获得学士学位的话，在早教工作岗位的工资增长为7000美元，而其他从业者平均提高3.66万美元。

可见早教从业岗位虽然需求巨大，但从业者越来越多是移民背景，他们在政府经营的早教学校工作的比例不高，工作层次和收入都相对较低，这大大影响了儿童早教的质量。这正是驱动ESSA在早教教师培训方面加大力度的重要因素。

总的来说，ESSA是奥巴马执政时期教育改革的主要成果，从语言政策的角度来看，这一政策既沿袭了ESEA和NCLB关注低收入人群教育平等公正问题，也加大了对移民、少数族裔和困难群体在早教方面的投资力度，并重新将教育管理的权力从联邦还给州政府，调整了评价机制，避免繁杂的考核压力，鼓励创新，这些是奥巴马政府在美国金融危机的困境下采取的经济刺激计划的有机组成部分，同时也是奥巴马自由主义执政理念

---

① Delia Pompa, Maki Park and Michael Fix, "New Opportunities? ESSA and Its Implications for Dual Language Learners and ECEC Workforce Development", December, 2017, https://www.migrationpolicy.org/sites/default/files/publications/ESSA - DLLs - ECEC - Workforce _ FINAL-WEB.pdf.（上网时间：2019年11月23日）

的体现。语言政策的推行，是外部因素与内部因素共同驱动、相互作用的结果，ESSA 虽然进行了一系列创新，但并未脱离以英语为中心的语言政策轨道。

特朗普执政期的美国语言政策研究

李　越*

2016年11月特朗普成功击败民主党候选人希拉里，成为美国第45任总统，2017年1月正式宣布就职。自特朗普执政以来，美国在政治、经济、军事、外交、文化等领域发生了一系列变化，制定了一系列新政策，新保守主义色彩明显。针对亚太地区尤其是中国，遏制中国的崛起，是其政策方针的主要目标。2018年，中兴通讯与华为在美国市场和供应链方面被全面遏制，开启了中美贸易战的序曲。

针对文化教育层面的政策制定，自2017年1月特朗普执政开始，语言政策基本无重大变化，是奥巴马时期语言政策的延续。但针对中国的汉语推广已有暗流涌动，2017年4月两位美国学者代表美国学者协会发表题为《中国的孔院与美国高等教育的软实力问题》长篇报告，列举了孔院所谓干扰学术自由、宗教歧视、违反透明规范等几大罪状及对美国高校的影响。皮特森（Peterson，2017：4）在《外交政策》上发表述评，别有用心地称“美国校园正迎来中国的特洛伊木马”，抨击孔子学院对美国校园学术自由的“负面影响”，认为外国机构“渗透”校园，破坏美国的高等教育。伍德（Wood，2018）在《高等教育年鉴》也发表文章呼应，与上述兼具学术性质的报告相配合。2018年3月参议员马克·卢比奥（Marco Rubio）、汤姆·科顿（Tom Cotton），众议员乔·威尔森（Joe Wilson）等相继提出针对孔子学院等的《外国势力影响之透明法案》（Foreign Influence Transparency Act，S2583），之后，事件进一步发酵。从学术研究到媒

* 李越，北京语言大学外国语学部英语学院副教授，北京语言大学美国加拿大研究中心（教育部备案）研究人员。

体呼应再到政治外交进而到立法，一系列行为无不对美国的外语教育政策产生深远影响。美国近年提倡的“增进全球意识”与“推广世界语言”政策尽管仍在执行，但针对汉语的语言政策会产生变化，汉语在美国的推广将会受阻。

本文主要通过回顾美国政策的背景，进而讨论特朗普时期美国语言政策及大致走向。

一、美国语言政策背景回顾

所谓语言政策，是指政府通过立法、法庭认定并执行的行为或者其他方式，决定公共场所使用的语言；哪些语言予以教授，享有国家范围内的优先权；确立个人或群体的权利以学习、使用并使之持续（Crawford，2008）。

美国的语言政策涉及以下方面：（1）针对外来移民和少数族裔的英语教育的政策；英语为非母语的外来人口在行使政治权益和民权时使用的语言；（2）英语在美国政府和各州的官方语言地位；（3）针对外语教育及其使用的政策。但无论如何，从殖民时期到现在，从联邦层面来讲，英语始终是唯一的官方语言，也是教育、政治、经济、商贸的主要通用语，没有哪种语言可以与之抗衡，这也是白人至上主义的具体体现。美国是典型的移民国家，从殖民时期到现今，大批移民陆续来到美国。美国就像大熔炉，从第一代移民操一口不流利的英语到第二代移民使用双语再到第三代移民的纯英语交际，自然和强制的语言同化是其本质特征，至今没有改变。在同化过程中，移民的身份逐渐模糊，语言和价值观趋于本土化或者美国化。21 世纪以来，美国也在强调外语教育和外语使用问题，并为此制定了一系列政策。

当然，在语言的美国化过程中，也有不同声音出现。比如，1973 年，佛罗里达州达德县提出双语（英语和西班牙语）作为官方语言的议案，但是 7 年后，该县又通过投票否决了双语议案。之后，1993 年，该县大多数官员又提出恢复双语官方语言，尽管遭到一些持“英语是唯一的官方语言”的人的极力反对，该县还是在 1998 年恢复了英语和西班牙语作为学校教育的通用语言，并制定了双向的双语学习项目。旧金山也曾发生过一起诉讼案。一位华裔学生起诉学校，因为该校只用英语授课，而该学生完全听不懂，最终最高法院判决只用英语授课，如果移民学生听不懂的话，此行为违反1964年制定的《民权法案》。1998年，加州选民提出一项动议，宣布该州所有双语教育项目违法，取而代之的是持续一年的英语沉浸式教学项目。但动议遭到激烈反对，最后不了了之（Schmidt，2000）。

从严格意义上来讲，美国没有规划过全美范围内的语言政策（Crawford，2008），有时出于特殊需要或者政治压力而制定的语言政策，与另一时段制定的政策相抵触。政府没有哪个部门专门负责制定语言政策。美国政府每年大约投入15亿美元（Crawford，2008）用于支持各种形式的语言教育，不过，似乎资金分配不均，实际效果很难断定。比如，美国教育部曾于20世纪70年代开始，在长达30年左右的时间内，耗资几十亿美元用于双语教育，旨在使少数族裔的儿童逐渐从双语过渡到英语。同时，联邦政府还耗资数十亿帮助母语是英语的学习者提高外语水平。但是，似乎都不十分奏效。就语言政策而言，美国如同自由市场，19世纪时，政府虽然并没有实施激励机制，但针对双语和少数族裔的教育开始盛行起来，尤其是在德语、法语、西班牙语、挪威语及美洲当地少数族裔较集中的区域。语言歧视也曾盛行一时，比如一战时期，加州讲西班牙语和德语的少数族裔便备受歧视，更不用说印第安人和波多黎各人的境遇。随着1920年代移民配额的严格，双语教育开始减少，此项教育属于各州与当地政府管辖范围，联邦政府不再干预，因此也就无需统一的语言政策进行约束。20世纪60年代，移民法取消了种族限制，新移民语言种类更多，民权运动推动了教育的平等。多种族、多语言、多文化现象在美国出现，美国土著的语言也受到保护，力图恢复濒危语言。同时，信息技术改变了全球市场。随着苏联的解体，美国与其他国家建立了复杂的关系，这一切使得语言在政治与交流方面显得尤为重要。20世纪80年代，人口增长中，移民与外来人口占40%，其中38%的人口讲少数族裔语言，而37%的人口讲英语比较困难。因为没有严格限制新移民语言，没有迹象表明这种趋势很快会被扭转。

美国语言政策研究专家克劳福特（Crawford，2008）认为，当今美国语言政策的主要问题是如何根据人口的变化，从利于国家利益，支持民主政策的角度考虑制定语言政策。制定语言政策要考虑以下问题：是否把少数族裔的语言视作威胁而限制其使用，是否采用各种遏制手段以同化移民？是否把多样性视作问题的来源，继续用多种不和谐的计策对付语言障碍？还是将多样性视为资产，鼓励少数民族保护自己的语言，并给予他们足够的机会学习英语？这些方法的最后一条便是“英语加”政策，（English Plus）（Combs，1995），此政策在强调英语流利度的重要性同时，鼓励美国人掌握多种语言技能。

对于美国人来讲，双语教育似乎不符合他们的常识，更不用说美国有大熔炉的传统。因为他们担心英语是非母语的移民会从此与母语为英语的学生隔离，阻碍其英语的提高。因此双语政策贯彻并不奏效。

一些“只说英语”（English Only）政策的提倡者反对双语政策，认为即使双语教育很有效，也无济于事，因为双语制威胁到国家的身份认同，使各民族产生分裂。另外，这部分人也担心政府对少数民族语言的认同给移民传递出一个错误信号，误使他们认为不学英语，不学美国人的规范，也能生活在美国。因此，双语教育成为政治攻击的对象，最突出的例子就是加州的反双语教育的动议（Proposition 227：Anti – Bilingual Education Initiative in California）。支持者认为，英语之外的其他语言在公立学校公开使用不合法，除非在极其特殊的情况下；废除用其他语言讲授课程的教学项目；双语教学是强制执行但未经证明已经成功的教学法；双语教育违反儿童的权益等等言论，认为学生使用英语还未熟练前不应该使用其他语言辅导并讲授知识。

克劳福特（Crawford，1995）曾在其出版的《双语教育：历史、政治、理论与实践》中强调：科学往往与直觉相反，经常突破常理。事实上语言也不例外，也遭到哪怕是专业人士的攻击和反对，因为大多数人还是更愿意倾听专业人士的阐释。我们的反应常常是发自内心的，这也许是因为我们的言语是我们民族、社会和智力的表征，是身份的展示、心声的流露。曾经认为双语制阻碍学生认知的观点现在已经证明站不住脚。自 20 世纪 60 年代以来，研究表明多语言技能并非妨碍大脑的发展。恰恰相反，反倒促进认知的形成与深入，尽管这些效果很复杂也难以测量（Hakuta，1986）。另一种难以置信的理念是完全沉浸式教学，这种理念认为儿童会在短时间内学会第二语言。该理念影响了几代人，也成为制定语言政策的理论基础，比如让少数族裔的学生融入普通课堂，不给予他们语言的特殊照顾，而最终结果就是，部分学生不得已而辍学。这种沉浸式教学方式后来被最高法庭裁定为非法（Nichols，1974）。研究表明，并不是接触英语的时间长短，而是全面与全方位的接触，才是习得英语的主要因素。换句话说，二语的输入必须是全方位的才最有效（Krashen，1996），否则，语言习得过程就变成听噪音。

双语教育效果的研究还存在争议，因为项目评价研究很难涉及，它是基于对比组和随机受众或者研究之前已存在的差异控制，而且，学生群体、学校、教育方法也不尽相同。众多研究提及双语项目的裨益，但其研究方法遭到“美国研究理事会”（National Research Council）的质疑（August & Hakuta，1997a）。对双语教育持异议者在解读美国研究理事会的报告时认为，尽管历经多年研究，现有证据仍然不能表明，英语不熟练的少数族裔学生，其母语授课会产生长期正面或者负面效益（Glenn，1997），但美国研究理事会主任们对此观点并不认同。他们认为，研究表明有大量实证研究数据显示母语授课的做法益处很多（August & Hakuta，1997b）。

一些双语教育评价研究者在对比了5个州的2000名西语学生后发现，“晚退出”（late exit）的长期双语教育项目比“早退出”（early exit）的双语过渡、后期英语教学以及纯英语教学的项目效果更明显（Ramirez，et al. 1991），但有研究者认为此研究的对比无效，因为3个项目的测试是在不同的学区进行的。

20世纪60年代以来，许多学区接受了双语教育，以显示对少数族裔的平等态度。然而，无论哪种教育方针与政策，都以最终融入纯英语教育与英语体系为目的。

2001年，众议员约翰·伯纳姆（John Boehner），乔治·米勒（George Miller）、参议员爱德华·肯尼迪（Edward Kennedy）提出“绝不让任何孩子掉队”（No Child Left Behind）的议案并于年底获得议会通过，2002年布什总统签字生效。该法案要求所有公立学校接受联邦资助用于管理各州的标准化考试，受到联邦政府资助的学校必须在考试统一化方面进一步落实并提高。如果学校落实不到位，教育厅责令其改正，学生可自由调至学区内排名更好的学校入读。

但政策实施几年后，许多教育家开始意识到，“绝不让任何孩子掉队”

政策与现实脱节。政治家与政客也逐渐认识到其负面作用，此政策不仅没有起到预想作用，甚至可以说是一场灾难，公众也开始抵制该政策（Crawford，2008）。因此 2007 年，美国参议员爱德华·肯尼迪（Edward Kennedy）、众议员乔治·米勒（George Miller）希望改进此政策，但当时的布什政府并不十分支持，所以该法案直到 2010 年才修改完毕。尽管几经波折后法案修改完毕，但从修改内容看，只有小部分得以修改，远远不能解决该法案的最基本问题，因为该法案并未考虑到英语学习者个人的特殊需求，无效的、不切实际的考核也给学校带来高风险。许多教育家因此提出建议与意见，希望进一步修改法案，有教育家还对此提出严厉的批评和质疑（Zehr，2018）。不过，客观地讲，该法案也含积极因素。多个州在策划标准化考试时，考虑到少数族裔英语学习者的客观情况，部分试卷是以他们的母语形式出题，可以照顾这部分学生的实际需求，但也因此遭到质疑，认为此做法是在迁就少数族裔学生，对其他学生不公。

奥巴马总统上任后对教育政策进行了改革。其上任后政治与民主形势发生了一定程度的转变，为教育改革带来希望。一揽子改革计划先后出台，包括联邦政府加大公立学校投入资金、支持新的考评制、减少辍学率、培训并奖励优秀教师，开启早期教育投入、增加学生接受大学教育的机会、为英语基础弱的学生提供更多机会、支持双语教育等。但是，似乎改革方案还只是停留在口头上，实际上并未完全进行，因此很难看到什么实际效果。而现行的“绝不让任何孩子掉队”政策（No Child Left Behind Act，NCLB）似乎得到进一步响应。教育改革倡导者、奥巴马教育改革团队领导人琳达·达令哈蒙德（Linda Darling - Hammond）提出的改革计划几近搁浅。在此情况下，琳达等教育家提出了“英语学习者的公平议案”（Equity Agenda for ELLs），希望得到政府有关部门的采纳。该议案倡导者认为现行许多教育机会都出于政治考虑，而非依据科学论证。为英语学习者提供教育服务的教师缺乏培训，教学效果不明显；英语教学方法不能满足需求，学习者的父母知情权不够；英语作为第二语言的学习者评价体系不够完善，“绝不让任何孩子掉队”议案的整齐划一的评价体系需要改变。因此，英语学习者需要得到更多的关注。好在之后国会开始重视起来，重新颁布了《中小学教育法》（Elementary and Secondary Education Act，ES-EA），使得立法者重新面对 NCLB 的不足，提供给英语学习者更多平等机会。国会应该更好地运用联邦政策这一被忽略的工具，20 多年来，卡斯塔奈达学习标准（the Castañeda Standard）被美国教育部用于衡量校区是否对英语学习者尽责。此后，该标准与《中小学教育法》融合，给中小学英语学习者提供了多种权益，包括：各教育项目应建立在科研与专业人士意见基础上，明确与语言相关的特有需求；建立正常化的评价体系以确保项目有效实施，发现问题，及时纠错。

这一提案与 NCLB 有异曲同工之处，即确保所有孩子都得到高素质的教育。学者同时为《中小学教育法》提出 7 点补充建议，以确保英语学习者受到既具挑战性、又具学习效果的教育。(1）提供充足资源。教授英语为非母语的学习者比教授英语是母语的学习者费用更高，因此联邦政府应提供更多资金，资金投入要科学化，须建立在科研基础上。(2）培训教师。美国境内非母语的英语学习者越来越多，因此出现师资不足问题，因此双语师资培训势在必行。(3）项目建立在科研基础上。为了替代双语教育法，NCLB 法案减除了英语学习者有关项目中语言习得研究及优秀学校的经验传播研究。(4）要求家庭参与教育。因非母语的英语学习者父母存在英语辅导障碍，因此国家应该做此类研究，探讨如何为此类学生的父母提供英语学习机会，采用双语教学模式以确保学习者的父母在语言学习上得到真正的提高。(5）增加双语教育项目，以提高英语学习实效。研究表明非母语的英语学习最有效的方式不是直接替代母语，而是渐进式英语学习。所以学习计划也应该朝此方向发展，真正以提高语言技能为主，这种学习将会造福国家。适度的双语教育与双语学习项目势在必行。(6）适宜的评价体系。目前提供给非母语的英语学习者的测试并非适宜，不仅不能有效地进行学习指导，反而对学生及学校有害，所以研发合适的评价体系有必要，政府应该禁止过度使用不切实际的各种考试。允许母语授课的英语学习者以母语形式进行各门知识的考核，以多种形式考核学生的学习状况。(7）真正意义上的考核。用考核母语为英语的学生的测试题来衡量英语程度有限的学生是不公平的，也是不切实际的。此种形式的监管与考核效果不佳。政府应该强制执行卡斯塔奈达测试，能兼顾知识的“输入”与“输出”，以此衡量学校质量，这应该是非母语英语学习者的考核基础。

总之，美国各州自 1965 年之后采取了一系列差异化的语言政策，以期尽快使少数族裔学生和公民尽快美国化，尽快融入到美国文化中，同时对少数族裔的语言与文化，一些州持保护态度，其他州则采取尽量限制的政策。

二、特朗普时期语言政策解读

一方面，美国力图使外来移民尽快融入英语环境，进而制定了相应的语言政策。另一方面，美国政府也制定标准，推进外语学习，尤其是奥巴马和特朗普任职期间。特朗普上任后，针对少数族裔未出台新的语言政策，仍然延续奥巴马时期的基本政策。但最近几年，针对外语的学习，似乎增强了力度。当然，各州的发展仍不尽平衡。美国政府已经意识到本国的中小学外语教育落后于其他国家，因此，政府提出议案，给予父母多种选择，促使学生培养全球视野，力争提高在全球经济中的竞争力，使过时的学生资助体制在全国范围内实现现代化，使高等教育对学生和纳税人更负责任（White House，2018）。在此教育政策框架下，加强外语学习是其强制执行的语言政策，且为此制定了具体的外语学习标准，并鼓励创办特许学校，增进世界语言学习。以沉浸式汉语教学为特色的中小学目前在美国逾 50 所，还有为数众多的学校开设了中文课程。这是该语言政策的具体产物。

（一）推广外语学习

在美国，负责制定中小学阶段的外语学习评价标准的机构叫做外语教学理事会 ACTFL（American Council on the Teaching of Foreign Languages），每个州的学习标准并非统一。基本标准叫做“世界语言肯塔基标准”。在美国，世界语言（world language）主要指英语之外的其他语种，如西班牙语、法语、德语、日语、汉语等。

自 1968 年开始，ACTFL 开始全国范围的中小学外语学习普查。从 2004 年的普查数据来看，大部分州的外语学习人数处于增长态势。根据 ACTFL（2015）统计的美国 34 个州的数据显示，2004—2005 学年，中小学生外语学习的注册率是 860 万人，占学生总人数的 18%。2007—2008 学年，注册人数增长了 3.1%，达到 890 万，占学生总人数的 18.5%。所统计的外语语种包括西班牙语、法语、德语、汉语、俄语、日语、拉丁语及其他语种。外语学习人数最多的 5 个州包括加利福尼亚州、得克萨斯州、纽约州、弗吉尼亚州以及宾夕法尼亚州。大部分州注册人数占学生总人数的 10%—30%。2004—2005 学年注册人数低于 10% 的 5 个州分别是：亚拉巴马、路易斯安那、密西西比、内华达和犹他州，但 2007—2008 学年注册人数低于 10% 的地区只有 3 个州：阿拉巴马、密西西比和内华达。表 9—1 和表 9—2 展示中小学阶段的主要外语语种及注册人数。

表 9—1　主要外语语种及学习人数（2004—2005 学年）

语种	学习人数（万）	在所有学生人数中所占比例
西班牙语	629.5	72.87%
法语	129.6	15%
德语	36.5	4.23%
其他	36.25	4.20%
拉丁语	22.5	2.61%
日语	6.2	0.72%
汉语	2.0	0.23%
俄语	1.2	0.14%

注：其他语种包括美国手语、阿拉伯语、希伯来语、意大利语、朝鲜语、美国土著语言、波兰语、葡萄牙语、斯瓦西里语、土耳其语、越南语。

（ACTFL，2015）

表 9—2　主要外语语种及学习人数（2007—2008 学年）

语种	学习人数（万）	占学生总数的比例
西班牙语	641.8	72.06%
法语	125.4	15%
其他	48.9	5.49%
德语	39.5	4.43%
拉丁语	20.3	2.61%
日语	7.3	0.82%
汉语	6.0	0.67%
俄语	1.2	0.14%

（ACTFL，2015）

对比表9—1和表9—2可知，汉语学习的注册率提升了195%，而法语、拉丁语的注册率分别下降了3%、9%。其他语种注册率有所上升，超过了德语。

尽管奥巴马政府执政以来极力推进外语学习，但是师资、项目和资源的短缺问题仍然存在，制约了某些地区外语学习的进一步扩展，还不能满足目前多语种人才和全球意识增长的需求。为此，ACTFL（2015年）提出：（1）制定外语学习者的注册标准及教育标准，使学生更具国际竞争性；（2）参加外语学习的学生注册年龄需提前，且外语学习需一直延续到高中及大学阶段；（3）为学生提供更多学习外语的机会；（4）改进数据统计方式，使之更科学化，更具指导意义。

美国的中小学外语考试虽然也需评测听说读写能力，但是各种能力分别评测。表9—3体现的是美国中小学外语考试的名称和种类。

表9—3　ACTFL（2015）推荐的美国中小学外语标准化考试类型

测试类型	参加人数2016	2017参加人数	增长率（%）
美国外语教学理事会举办的外语考试 ACTFL Assessment of Performance toward Proficiency in Languages (AAPPL)	225，625	395，463	75%
口语水平考试 Oral Proficiency Interview (OPI)	34，489	32，610	-5%
口语考试机考 Oral Proficiency Interview by Computer (OPIc)	218，715	232，700	6%
写作水平测试 Writing Proficiency Test (WPT)	9，002	10，124	12%
听力水平测试 Listening Proficiency Test (LPT)	2，065	4，674	126%
阅读水平测试 Reading Proficiency Test (RPT)	2，223	5，493	147%

续表

测试类型	参加人数 2016	2017 参加人数	增长率（%）
美国外语教学理事会举办的拉丁语阅读测试 ACTFL Latin Interpretive Reading Assessment（ALIRA）	2，340	2，946	26%
听力与阅读机考 Computer Adaptive Listening and Reading	258	87	-66%
总数	494，717	684，097	38%

（ACTFL，2015）

本章还以汉语为例统计了 1958—2016 年秋季学期学生注册人数（见表 9—4）。从统计数据来看，学生注册数呈上升趋势，且自 2006 年之后数字急速提升，此趋势也与中小学的发展趋势非常吻合。

表 9—4　美国大学 1958 -2016 年秋季学期中文学习者注册人数统计

年代	秋季学期学生注册人数	备注
1958	615	
1959	959	
1960	679	
1961	2200	
1963	2444	
1965	3359	
1968	5061	
1969	6115	夏季学期
1971	953	夏季学期
1974	10576	
1977	9798	
1980	11366	
1983	13178	
1986	16891	
1990	19427	
1995	26471	

续表

年代	秋季学期学生注册人数	备注
1998	28456	
2002	34153	
2006	51382	
2009	59876	
2013	61084	
2016	58102	夏季和秋季学期总人数

（MLA：2018）

作者认为，汉语学习的注册率大幅提升，与孔子学院在美国的建立密切相关。自2005年第一所美国孔院“马里兰大学孔院”成立以来至2020年孔院已经达到110所之多。在孔院的支持与协助下，各地各州的汉语学习者急速增长。另外，中国经济实力的增长、文化软实力的提高以及大国形象的逐渐塑造使得美国民众对中国的认知越来越丰富，因此无形中刺激了学生注册率的提高。

美国现代外语协会（MLA）针对大学阶段的外语学习进行了一系列的统计，各语种在2006—2009年、2013—2016年的对比统计数据如表9—5所示。

表9—5显示：西班牙语多年保持美国的第一大外语语种，这从地理、国际贸易、交流与工作、师资角度很容易解释，美国与拉美国家存在地缘密切关系，来自拉丁美洲的移民人数最多，与拉美国家的贸易额占据较大比例；移民的增多迫使美国当地人也不得不学习西班牙语，促进沟通交流，也利于为其提供更多工作机会；很多师资也来自于西班牙语移民，所有这一切促使学生优先选择西班牙语作为他们的第一外语。

在中小学阶段，汉语学习人数超过意大利语，但大学阶段2006年及2009年统计结果表明意大利语的学习人数远远超过汉语学习人数，不过2013年的数据表明两者的距离在缩小，到2016年，两者的差距已非常小。汉语的学习人数比较稳定，从2006年至2016年的变化不大。

表 9—5　美国大学的外语学习注册率变化
（2006—2009 年、2013—2016 年）

语种	2006	2009	2006 - 2009 年注册率变化	2013	2009 - 2013 年注册率变化（%）	2016	2006 - 2009 年注册率变化（%）
西班牙语	822，148	861，015	4.7	789，888	-8.3	712，240	-9.8
法语	206，019	215，244	4.5	197，679	-8.2	175，667	-11.1
美式手语	79，744	92，068	15.5	109，567	19.0	107，060	-2.3
德语	94，146	95，613	1.6	86，782	-9.2	80，594	-7.1
日语	65，410	72，357	10.6	66，771	-7.7	68，810	3.1
意大利语	78，176	80，332	2.7	70，982	-11.6	56，743	-20.1
汉语	51，382	59，876	16.5	61，084	2.0	53，069	-13.1
阿拉伯语	24，010	35，228	46.7	33，526	-4.8	31，554	-5.9
拉丁语	32，164	32，446	0.9	27，209	-16.1	24，866	-8.6
俄语	24，784	26，740	7.9	21，979	-17.8	20，353	-7.4
韩语	7，146	8，449	18.2	12，256	45.1	13，936	13.7
古希腊语	22，842	21，515	-5.8	16，961	-21.2	13，264	-21.8
葡萄牙语	10，310	11，273	9.8	12，407	10.1	9，827	-20.8
古希伯来语	14，137	13，764	-2.6	12，596	-8.5	9，587	-23.9
现代希伯来语	9，620	8，307	-13.6	6，698	-19.4	5，521	-17.6
其他语种	33，800	39，349	16.4	34，746	-11.7	34，830	0.2
总数	1，575，838	1，673，566	6.2	1，561，131	-6.7	1，417，921	-9.2

（Looney and Lusin，2018：13）

美国的高等教育机构自主性较强，外语学习的考核形式和内容各校自主决定，但都会包含听、说、读、写、译的内容。

（二）前期语言政策的延续

2015 年 12 月，美国教育部发布了《双语教育方案：目前的国家政策与实践》（Dual Language Education Programs：Current State Policies and Practices）（2015）。尽管该报告并不具有法律效力，但是对教育实践具有非常重要的意义。该报告全文 120 多页，分析了相关研究以及与双语教育政策和实践有关的数据，旨在进一步具体地指导双语教育实践。所谓双语教育方案是指教师使用英语和另一种语言授课，意图逐步培养学生熟练使用双语，以取得高水准的学业成绩，并能够理解和欣赏多元文化。最新研究表明：与其他种类的教学项目相比，此种教学可给非母语的英语学习者提供更多提高学业的机会（Valentino & Reardon，2015；Lindholm-Leary & Block，2010；Marian，Shook，& Schroeder，2013）。各州各地实施、注册学生数和其他方面存在较大差异，因此该方案只是提供主要范式，包括双向双语教育项目，即双向沉浸式项目，英语学习者和英语为母语的同伴共同接受英语和第二语言授课。所谓单向双语项目是指母语是英语或者第二语言是英语的学生接受英语或者第二语言授课。此形式主要服务于第二语言是英语的学生（也被称作发展阶段或者持续阶段双语项目）或者第一语言是英语的学生（也被称作单向外语沉浸式教学项目），或者针对家庭或文化背景与第二语言有关联的学生。双语教育项目可为学生提供21世纪的必备技能，即双语技能与知识、全球意识。鉴于此项优势，越来越多的学校开始效仿，在全国范围内逐渐推广，同时结合各州各学校的具体情况。考虑到双语教育项目各种优势以及在美国全境范围的推广，因此教育部发布的此项报告显得尤为重要，指导意义更为明显。

该报告是10年研究的成果，数据源自50州和华盛顿哥伦比亚特区，6个州的案例分析——特拉华、北卡罗来纳和犹他州的推广结果，伊利诺伊州和新墨西哥州大面积推广结果，以及来自拥有大批双语人口但是限制双语教育项目的马萨诸塞州的数据。

自该报告发布以来，有多篇有关双语教育的研究成果和数据出现。瓦尔迪兹（Valdezl et al，2016）等3位作者提到，自2007年的双语教育模式在犹他州开创以来，越来越得到人们的关注。近年来，越来越多的研究成果显示，双语教育是目前美国发展最快的教育模式，日渐成为美国的“主流”教育模式，并引发整个美国教育界的兴趣。学生通过双语教学获得知识，取得成果。多个研究表明，对比不参与双语教育的学生，参与完整实施双语教育的学生成绩更好，对各种族、阶层、语言背景的学生都适用（Lindholm-Leary and Howard 2008；Marian，Shook，and Schroeder 2013；Thomas and Collier 2002，2012）。斯蒂尔（Steele，2017）等学者的研究表明，双语教育已经在全国范围内施行，从幼儿园一直到高中阶段都在贯彻落实，并已初见成效。根据美国应用语言学中心的统计，美国施行双语沉浸式教学的学校已从1999年的278所增长到2011年的448所，现在已经接近2000所。考虑到美国公立学校与世界其他地方比，学校提供学外语（非英语）的机会非常少，此数字的增长已经相当惊人了。

但是，双语沉浸式教育政策在某些州成为白人至上主义和精英阶层的产物。比如，2008年犹他州通过立法通过了全州范围内支持双语教育模式，不过犹他州主要是单向外语沉浸式教育模式，虽然全国范围内主流模式还是双向沉浸式双语教育（Two Way Immersion，TWI），因此多位双语教育学者对新立法存谨慎乐观态度。毕竟，白人至上主义以及英语霸权使得双语教育被多次扼杀，犹他州是一个白人占80%，且比较保守的州，2000年立法通过了“只说英语”的语言政策，所以2008年的双语教育立法，令人持怀疑态度。截止到2009年，3/4的项目仍然是单向双语沉浸式语言政策在主导犹他州，而且此项目曾经被认为是私立学校为精英阶层设立的项目。而设立双语项目的初衷是满足少数族裔和移民的语言需求和体现社会公平，却在犹他州被用作培育精英阶层的工具和模式，之后在全州立法并推广双语政策实际是双语制的中产阶级化。

三、结语

总体而言，美国特朗普总统在任期间的语言政策基本维持了奥巴马当政时期的语言政策，无论是“英语加”还是“不让任何学生掉队”、抑或是“双语沉浸式教育”等政策，其核心是强调以英语为中心的语言同化，是语言霸权和白人至上主义的体现。在此基础上，为适应美国的全球战略需求，外语进一步普及并强调全球意识的增进，使全体公民了解多种文化、多种语言，增进对世界的了解，适应特朗普政府的新保守主义和“美国优先”的理念。

参考文献

[1] Rachelle Peterson，“American Universities are Welcoming Trojan Horses”，May 9，2017，http：//foreignpolicy. com/2017/05/09/american –

universities – are – welcoming – chinas – trojan – horse – confucius – institutes/. pdf.

[2] Peter Wood, "China's Pernicious Presence on American Campuses", the Chronicle of Higher Education, March 30, 2018.

[3] James Crawford, "Language Policy", 2008. http://www.languagepolicy.net/archives/langpol.htm.

[4] Ronald Schmidt, "Language Policy and Identity Politics in the United States", Philadelphia: Temple University Press, 2000.

[5] Mary C. Combs, "English Plus: responding to English Only", 1995, http://www.languagepolicy.net/archives/combs.htm.

[6] James Crawford, "Bilingual Education: History, Politics, Theory, and Practice", Washington: Bilingual Education Service, 4th edition 1995.

[7] KenjiHakuta, "Mirror of Language: The Debate on Bilingualism", New York: Basic Books, 1986.

[8] Lau V. Nichols, "414 U.S. 563", 1974, http://www.languagepolicy.net/archives/lau.htm.（上网时间：2019 年 12 月 12 日）

[9] Stephen D. Krashen, "Under Attack: The Case Against Bilingual Education", Culver City, Calif.: Language Education Associates, 1996.

[10] Diane August and Kenji Hakuta, eds., "Improving Schooling for Language – Minority Children: A Research Agenda", Washington, D.C.: National Academy Press, 1997a.

[11] Charles L. Glenn, "What Does The National Research Council Study Tell Us About Educating Language Minority Children?", Amherst, Mass: READ Institute, 1997.

[12] Diane August and Kenji Hakuta, "Letter to Rosalie Porter", Amherst, Mass: READ Institute, 1997b.

[13] David Ramírez, et al., "Final Report: Longitudinal Study of Structured Immersion Strategy, Early – Exit, and Late – Exit Transitional Bilingual Education Programs for Language – Minority Children", San Mateo, Calif.: Aguirre International, 1991.

[14] Mary AnnZehr, "Learning the Language", 2018, http://blogs.

edweek. org/edweek/learning – the – language/.（上网时间：2019 年 11 月 11 日）

[15] White House, 2018, no title, https：//www. whitehouse. gov/issues/education/.（上网时间：2019 年 6 月 11 日）

[16] MickZais, "South Carolina Standard for World Language Proficiency", 2013.（非出版物）

[17] ACTFL, "Foreign language Enrolments in K – 12 Public Schools: Are Students prepared for the Global Society?" 2015, https：//www. actfl. org/news/reports/foreign – language – enrollments – k – 12 – public – schools – are – students – ready – global – society.（上网时间：2018 年 11 月 1 日）

[18] MLA, "Language Enrolment Database: 1958 – 2016", 2018, https：//www. mla. org/Resources/Research/Surveys – Reports – and – Other – Documents/Teaching – Enrollments – and – Programs/Enrollments – in – Languages – Other – Than – English – in – United – States – Institutions – of – Higher – Education.

[19] Rachel Valentino and Sean F. Reardon, "Effectiveness of Four Instructional Programs Designed to Serve English Learners, Educational Evaluation and Policy Analysis", Vol. 37, No. 4, 2015, pp. 612 – 637.

[20] K. Lindholm – Leary & E. R Howard, "Language Development and Academic Achievement in Two – way Immersion Programs", In T. W. Fortune & D. J. Tedick (Eds.), Pathways to Multilingualism: Evolving perspectives on immersion education, Oxford: Blackwell, 2008, pp. 177 – 200.

[21] Marian, S. R. Schroeder, "Bilingual Two – way Immersion Programs Benefit Academic Achievement", Bilingual Research Journal, Vol. 36, 2013.

[22] V. Valdez1, et al., 2016, "The Gentrification of Dual Language Education", Urban Rev, Vol. 48, 2016, pp. 601 – 627.

[23] W. P. Thomas, V. P. Collier, "A National Study of School Effectiveness for Language Minority Students Long – term Academic Achievement", Santa Cruz, CA: Center for Research on Education, Diversity and Excellence, University of California – Santa Cruz, 2002, http：//repositories. cdlib. org/

crede/finalrpts/1_1_final.

[24] Jenifer Steele, et al. , "Effects of Dual – language Immersion Programs on Student Achievement: Evidence from Lottery Data", American Educational Research Journal, Vol. 54, 2017, pp. 282 – 306.

[25] Looney and Lusin, 2018, "Enrollments in Languages Other than English in United States Institutes of Higher Education, Summer 2016 and Fall 2016: Preliminary Report", Modern Language Association of America, Vol. 1, 2018, p. 13.

[26] G. Marty, "A State of Immersion: Minnesota Is a Leader in Developing Language Immersion Programs That Work", Connect: University of Minnesota press, 2014.

[27] James Crawford, "On English only Movement", 1997, http://www.languagepolicy.net/archives/engonly.htm.

[28] W. P. Thomas and V. P Collier, "Dual language education for a transformed world", Albuquerque, NM: Dual Language Education of New Mexico – Fuente Press, 2012.

[29] US Department of Education, "Dual Language Education Programs: Current State Policies and Practices", 2015. http://www2.ed.gov/about/offices/list/oela/resources.html.（上网时间：2018 年 12 月 12 日）

美国孔子学院关停危机分析

刘惠华*

美国第一所孔子学院是于2004年11月17日成立的马里兰大学孔子学院，① 截至2017年12月31日，美国共有110所孔子学院和501个孔子课堂，分别占全球孔子学院和孔子课堂总数的21%和45%。②孔子学院官网显示，截至2019年6月，在美国孔子学院减少到86所，而孔子课堂的数量更是锐减到12个。③

随着中国国力的不断提升，美国出现对孔子学院的批评声和质疑声。特别是在2008年全球爆发金融危机，中国经济依然保持较快速度的增长并在2010年取代日本成为全球第二大经济体之后，这种批评声和质疑声也随之增强。2012年的“签证事件”④ 和2014年的“停止与孔子学院合作事件”对孔子学院在美国及全球的发展造成很大影响。⑤

---

* 刘惠华，北京语言大学培训学院讲师，北京语言大学美国加拿大研究中心（教育部备案）研究人员。

① “美国马里兰大学孔子学院，” http：//www. hanban. edu. cn/node_6661. htm（上网时间：2018年8月8日）。

② 参见“关于孔子学院/课堂”，http：//www. hanban. edu. cn/confuciousinstitutes/node_10961. htm（上网时间：2018年8月8日）。

③ http：//www. hanban. org/confuciousinstitutes/node_10961. htm（上网时间：2019年10月16日）。

④ 2012年5月17日，美国国务院发布公告，称在该国持有J－1签证的孔子学院部分中国汉语教师，违反了美国的签证规定，必须于6月30日离境。与此同时，要求在美国的孔子学院申请有关资质的认证。8天之后，新的公告称，持“不当”签证的老师不需离境，美方也不再要求孔子学院进行资质认证。

⑤ 2014年6月，美国大学教授联合会（American Association of University Professors，AAUP）呼吁近100所大学取消或重新谈判与孔子学院之间达成的协议，以使它们正确反映言论自由的西方价值。该学术机构发表声明称，“孔子学院是中国政府的一个分支机构，并被允许忽视学术自由。”声明敦促美国大学停止与孔子学院的合作，除非对它们的合作进行重大改革。参见：AAUP，“On Partnerships with Foreign Governments：The Case of Confucius Institutes，” June 2014，https：//www. aaup. org/report/confucius－institutes（上网时间：2018年8月18日）。

2018 年初，美国国内关于孔子学院的争论急剧升温，各种毫无依据、别有用心的指责甚嚣尘上，有指责称，孔子学院的教师和管理人员参与了旨在对美国大学校园对中国的讨论进行“审查”的活动；也有指责称，很多中国政府和美国大学签署的合作协议是秘密进行的，因为大学的管理人员在获得来自中国的资金支持的诱惑下，没有让通常会参与类似决策的大学理事会（faculty senates）参与整个过程。①这种争论已经引起美国国会的高度关注。可以说，对孔子学院的批评和质疑已经被“政治化。”《华盛顿邮报》记者也认为，美国国会对孔子学院的发难看起来与其说是建立在来自孔子学院本身的“任何真正威胁”的基础之上，不如说是“由政治因素推动的”（politically inspired）。②

据不完全统计，截至 2019 年 10 上旬，已有 26 所在美的孔子学院已经被迫关停或宣布将于近期关闭。③ 此外，还有不少的孔子学院也面临类似的关停压力。④ 可以说，美国的孔子学院已经陷入关停危机。本章从美

---

① John Pomfret, “The furor over the Confucius Institutes is distracting from real Chinese threats,” July 2, 2018, https://www.washingtonpost.com/news/global-opinions/wp/2018/07/02/the-furor-over-the-confucius-institutes-is-distracting-from-real-chinese-threats/?utm_term=.68451eacd9db（上网时间：2018 年 8 月 9 日）。

② John Pomfret, “The furor over the Confucius Institutes is distracting from real Chinese threats,” July 2, 2018, https://www.washingtonpost.com/news/global-opinions/wp/2018/07/02/the-furor-over-the-confucius-institutes-is-distracting-from-real-chinese-threats/?utm_term=.68451eacd9db（上网时间：2018 年 8 月 9 日）。

③ Sunyu Kang and Mike Ottone, “Confucius Institute set to close in early 2020,” http://udreview.com/confucius-institute-set-to-close-in-early-2020/（上网时间：2019 年 10 月 16 日）。

④ 例如，北京语言大学和美国大学合作建设的 5 所孔子学院都不同程度地感受到了关停压力。其中有 3 所（乔治梅森孔子学院、南卡罗莱纳大学孔子学院、韦伯斯特大学孔子学院），正面临来自所在地区政府、媒体和学校的极限施压，要求关停孔院并终止相关校际合作。北京语言大学孔子学院工作处相关人员称，“以上三所孔子学院正面临严重的生存危机”。此事也受到了孔子学院总部、北京市教委的高度重视，并召开了专题会议。根据会议要求，北京语言大学于 10 月上旬派出了相关负责人赴美国相关孔子学院对这几所孔院所面临的危机，进行了紧急干预。资料来源：作者根据北京语言大学孔子学院工作处主任陈丽霞 2019 年 9 月 16 日填写的《北京语言大学短期出国（境）人员申请表》相关内容整理。此外，佐治亚州立大学孔子学院的情况稍微乐观一点，据该院中方院长介绍，2018 年年底佐治亚州联邦参议员曾给佐治亚州立大学写信，对其施压，企图迫使其终止与中方的合作，但是校方不予理会，而是做了淡化处理。具体做法是：该大学的法律部回了信，给出示了外部审计报告，财务及合同资料。结果，曾致信的参议员也就没有再提这事。据悉，2020 年 7 月，佐治亚州立大学和北京语言大学的合作协议将到期，目前正在准备续签协议。另据该中方院长透露，南卡罗莱纳大学还在就要不要续签协议这个问题上犹豫，所以该孔院的前途未卜。资料来源：作者采访佐治亚州立大学中方院长，时间：2019 年 10 月 15 日。

国国内政治、中美关系和部分反华政客的作用三个方面入手，对导致此次美国孔子学院关停危机的原因进行探讨。本章认为，主要原因有：(1) 美国国内的白人身份政治是深层次的动因；(2) 美对中国国家身份定位的调整和两国经贸摩擦而导致的中美关系陷入自 1979 年建交以来的最低点是一个大的背景因素；(3) 以参议员马可·卢比奥为首的美国政客炒作中国"锐实力"的威胁，以及臆断孔子学院对美国国家安全的威胁并推动相关法案的通过是导致关停危机的最直接因素。

一、美国的白人身份政治

种族问题是美国政治中的一个核心问题。美国成立的时候是一个民主共和国，同时也是一个种族歧视国。[①] 加州大学圣芭芭拉分校黑人研究和社会学教授乔治·利普西茨（George Lipsitz）认为，"在种族关系上，假定一个渐进的和不可避免的演进式的进步轨迹是错误的；完全相反，我们的历史表明在一个时期赢得的抗争胜利会在后来失去"。[②] 2008 年奥巴马成为美国第一位黑人总统，直接引发了白人群体的强烈反弹。美国人选出第一位黑人总统，但是所谓的"后种族时代"（post-racial era）并没有到来，相反的是美国政治越来越以种族和种族态度（racial attitude）来进行分野。与之相对应的是，美国开始把很多事情都和他们的种族态度联系起来。换句话说，在他们的潜意识里，很多事情变得日益种族化。[③] 这种反弹从 2010 年美国中期选举的结果中可以清楚地看出来。奥巴马所在的民主党惨败，共和党从民主党手中夺走了 63 个席位，是 1948 年以来最大的一次席位变更，使共和党重新控制了众议院。奥巴马医改法案的通过，使白人群体意识到民主党对他们的"白人身份"构成挑战。"白人身份政

---

① Julie Novkov, "Rethinking Race in American Politics," Political Research Quarterly, Vol. 61, No. 4 (December 2008), p. 651.

② George Lipsitz, "The Possessive Investment in Whiteness: How White People Profit from Identity Politics, rev. and expanded ed. (Philadelphia, PA: Temple University Press, 2006), p. vi.

③ "Why Is This Happening? With Chris Hayes: White Identity Politics with Michael Tesler," October 30, 2018, https://www.nbcnews.com/think/opinion/rise - white - identity - politics - didn - t - start - trump - explains - michael - ncna926191.（上网时间：2018 年 11 月 10 日）。

治”（White Identity Politics）已经成了导致美国政治生态中部落主义盛行的重要因素。2016 年特朗普当选为美国第 45 任总统，在很大程度上，可以说正是白人身份政治的胜利。当时在特朗普支持者中非常流行的一个政治模因（political meme）就颇能说明问题。这个模因对 20 世纪初来到美国的欧洲移民是这样描述的：“他们来（到这里）是要参与美国梦（的建设）。欧洲的基督徒建立了这个国家。他们不是要来（到这里）把事情搞糟，不是来吃福利，不是来发动圣战，也不是来用萨利法取代美国宪法。”①

由于人口组成方面的变化，在美国历史上，美国白人正面临着在他们“自己的国家”成为少数这样一个前景。结果就是，很多美国白人对这一前景感到焦虑，觉得自己受到威胁，觉得自己正在被取代、在人口数量上被超越、在很多方面被歧视。正是美国白人这种焦虑给近几年美国保守的、民粹主义政治的兴起提供了动力。特别是工薪阶层的白人正逐渐被边缘化，这一群体不但没有享受到经济全球化带来的好处，相反成为经济全球化的输家，在经济上感到焦虑，且在文化上的焦虑感更强烈。② 此外，白人身份政治已经成为美国右翼政治部落主义最令人吃惊的特征。白人身份政治鼓吹这样一个理念：白人成了处于危险境地的被歧视的群体。③ 这个所谓的“白人身份”有两三个维度，但是最重要的维度是其他少数族裔针对白人的歧视。在激发白人对于他们被歧视的那种恐惧这一点上，特朗普做得相当好。特朗普的支持者们在白人受到歧视这一点上有着非常强烈的认知。而且他们经常会说，与非裔美国人或拉丁裔美国人相比，他们受到的歧视更多。④

在多元文化主义被倡导以来的几十年里，除了白人以外的几乎所有群

---

① Amy Chua, “Political Tribes: Group Instinct and the Fate of Nations”, New York: Penguin Press, 2018, p. 203.

② Amy Chua, “Political Tribes: Group Instinct and the Fate of Nations”, New York: Penguin Press, 2018, pp. 170, 173.

③ Amy Chua, “Political Tribes: Group Instinct and the Fate of Nations”, New York: Penguin Press, 2018, p. 189.

④ “Why Is This Happening? With Chris Hayes: White Identity Politics with Michael Tesler”, October 30, 2018, https://www.nbcnews.com/think/opinion/rise-white-identity-politics-didn-t-start-trump-explains-michael-ncna926191.（上网时间：2018 年 11 月 10 日）。

体都被允许甚至鼓励去团结起来并对他们的种族或族裔认同感到骄傲，而白人却被告知他们绝对不能这样做。但是，人们的部落本能却意味着，人们想要把他们自己的部落看作是特别好的，看作是非常值得骄傲的东西。[①]这样做的结果是，导致强烈的“白人反弹”（whitelash）。[②]此外，在今天的美国，不仅白人群体这么想，几乎每一个群体在一定程度上都这么想。他们都认为，他们所在的群体“受到攻击、受到霸凌、受到迫害、受到歧视”，结果是“民主被转变成（推动）零和政治部落主义的引擎”。[③]

在对白人至上主义的研究中，乔治·利普西茨提出这样一个观点：美国的白人一直在对白色进行“占有性投资”（possessive investment）。在他看来，白色是一种结构性优势，这种优势给白人带来不公平的好处和不劳而获的回报，同时在财产的积累、就业、住房和医疗保健等方面给少数族裔群体强性设置了一些障碍。此外，美国的白人被鼓励对白色进行投资、被鼓励要忠于给他们提供资源、权力和机会的一种身份认同。[④] 这种对白色进行的占有性投资带来了“破坏性的后果”，所有少数族群都受到影响。[⑤]

可以说，20 世纪 60 年代以来的民权运动和冷战结束以来的多元文化主义浪潮，在一定程度上限制了这种占有性投资。但是随着白人身份政治的兴起，这种占有性投资正卷土重来，而且这次的重点是限制非法移民和

---

① Amy Chua,“Political Tribes: Group Instinct and the Fate of Nations”, New York: Penguin Press, 2018, p. 191. 在一个访谈节目中，蔡美儿分享了她对“部落”这一概念的理解：“实际上，我用这个词就是用来指一种非常强烈的群体认同。你的身份如此牢固地和这个群体绑在一起，以至于不管什么情况，你基本上都会捍卫这个群体，并紧紧地抱住这个群体不放，而且你看待任何问题都和群体的观点开始保持一致。”参见：“Why Is This Happening? Debating the concept of political tribalism with Amy Chua: podcast & transcript,” June 12, 2018, https://www.nbcnews.com/think/opinion/debating - concept - political - tribalism - amy - chua - podcast - transcript - ncna882186.（上网时间：2018 年 11 月 12 日）。

② Amy Chua,“Political Tribes: Group Instinct and the Fate of Nations”, New York: Penguin Press, 2018, pp. 169 – 173.

③ Amy Chua,“Political Tribes: Group Instinct and the Fate of Nations”, New York: Penguin Press, 2018, pp. 8 – 9, 12.

④ George Lipsitz,“The Possessive Investment in Whiteness: How White People Profit from Identity Politics, rev. and expanded ed.（Philadelphia, PA: Temple University Press, 2006）, p. vii.

⑤ George Lipsitz,“The Possessive Investment in Whiteness: How White People Profit from Identity Politics, rev. and expanded ed.（Philadelphia, PA: Temple University Press, 2006）, p. 2.

对肯定性行动（affirmative action）政策的实施所取得的成就进行一定程度的回滚。一个典型的例子是，特朗普政府在2018年7月初宣布放弃奥巴马时代的一项政策，该政策要求大学在招生时考虑种族因素，以实现校园多元化。这一决定意味着特朗普政府提倡大学应采取不考虑种族因素的招生标准。[①] 可以说，特朗普政府这么做是在回应白人群体的关切，是白人身份政治的胜利。因为，一方面，支持白人身份政治的白人更倾向于把非法移民看作是美国面临的最重要的问题；另一方面，他们认为自己受到不公平待遇，更倾向于认为美国社会应该给白人更好的生活际遇。[②]

在白人身份政治兴起的背景下，特朗普政府基于种族考虑而制定的一些政策已经很明显地影响了华盛顿的外交政策决策。[③] 自美国走上国际舞台的那一刻起，白人至上主义就一直是影响美国外交政策制定的一个重要因素。这一点在特朗普身上表现得尤为明显，他经常因发表一些不当言论而受到猛烈抨击。批评他是种族主义者的在美国大有人在。他在竞选过程中，对中国的各种言论助长了一些美国政客反华的嚣张气焰。可以说，正是在这一背景下，以马可·卢比奥（Marco Rubio）为首的一批美国政客，把矛头对准了美国的孔子学院。关于这一点，将在下文中详述。

二、美国对中国重新定位背景下全面走低的中美关系

在2018年6月初，随着中美贸易摩擦的不断升级，中美关系也随之迅速走低。2018年6月18日，白宫贸易与制造业政策办公室公布了一份

---

① Michelle Hackman, "Trump Administration to Rescind Obama Guidelines on Race in College Admissions," July 3, 2018, https://www.wsj.com/articles/trump-administration-to-rescind-obama-era-guidelines-on-race-in-college-admissions-1530619273? mod = article_inline.（上网时间：2018年11月12日）。

② Ashley Jardina, "White identity politics isn't just about white supremacy. It's much bigger.", https://www.washingtonpost.com/news/monkey-cage/wp/2017/08/15/white-identity-politics-isnt-just-about-white-supremacy-its-much-bigger/? utm_term=.3bcf0fc77d22.（上网时间：2018年11月12日）。

③ Chandran Nair, "Foreign Lives Matter. Asia Should Beware of Racist US Foreign Policy," September 9, 2018, https://www.scmp.com/week-asia/opinion/article/2163245/foreign-lives-matter-asia-should-beware-racist-us-foreign-policy.（上网时间：2018年11月12日）。

报告，毫无依据地指责中国实施“经济侵略”。[①] 美国战略界似乎达成共识，美国需要对中国的崛起做出全面的和强硬的应对，而这种应对是基于美国战略界对中国近几年在经济、政治、外交等领域出现新的变化和动向之后做出的。美国对中国的这种态度和战略上的转变实际上在 2007 年就开始了。自 2015 年以来美国战略界和学术界围绕美国的中国政策展开了一场较大的辩论。2016 年特朗普当选为总统，中国国内对特朗普可能带来的挑战做了乐观的估计，强调了特朗普作为商人的一面，认为他是一个看重“交易”的总统。但是，实际上从他任命的一些关键人物（譬如总统助理、贸易和工业政策主任、新成立的白宫国家贸易委员会主任彼得·纳瓦罗）来看，中美关系必将经受挑战。

从美国政府公布的两份战略报告和一份相关法案的签署来看，美国对中国的定位已经发生了根本的转变。随着而来的是，特朗普政府的对华政策也在发生很大变化。具体来说，在 2017 年 12 月公布的《国家安全战略》中，中国和俄罗斯被明确定位为美国的“战略竞争者”。《报告》称，过去几十年来对中国的“接触战略”的结果被证明是事与愿违的，强调中国现在所展现出来的对美的“全方位威胁”——从经济、军事，到外交、文化，再到政治制度和发展模式——正是这种“接触战略”种下的恶果”。[②] 2018 年年初公布了《国防战略报告》，强调“国家间战略竞争，而非恐怖主义，现在已成为美国国家安全的首要忧患”，并将中国、俄罗斯列为主要的“竞争对象”。[③] 2018 年 8 月 13 日，特朗普签署了《2019 财年国防授权法案》。此法案的签署，可以说标志着美国国内两党达成共识，在对什么是

---

① 报告指出，中国使用了六大策略来达到其目的。这些所谓的策略包括：保护中国的本土市场免受进口产品的竞争、扩大中国在全球市场的份额、确保并控制全球的核心自然资源、主导传统的制造业、从美国与其他国家收购关键的技术和知识产权以及获得推动今后经济增长以及国防工业发展的新兴高科技产业。参见：White House Office of Trade and Manufacturing Policy, “How China’s Economic Aggression Threatens the Technologies and Intellectual Property of the United States and the World,” June 2018, https://www.whitehouse.gov/wp-content/uploads/2018/06/FINAL-China-Technology-Report-6.18.18-PDF.pdf（上网时间：2018 年 8 月 16 日）。

② 刘畅，“特朗普《国家安全战略报告》评析”，《和平与发展》，2018 年第 1 期，http://www.ciis.org.cn/chinese/2018-02/26/content_40232263.htm（上网时间：2018 年 8 月 16 日）。

③ 堵开源，“美国新版《国防战略》称中国欲取代美国 美防长：开眼看世界”，2018 年 1 月 20 日，https://www.guancha.cn/military-affairs/2018_01_20_443915.shtml（上网时间：2018 年 8 月 16 日）。

美国的首要威胁这一点上达成一致，行政部门和立法部门都认为大国竞争重新成为国际关系的主要特征。可以说，“美国新的国防战略明确从反恐转向‘大国地缘政治竞争’，《2019 财年国防授权法案》以真金白银实际支持这一战略转变”。① 值得注意的是，在签署国防授权法案几个小时之后，特朗普发表了一项书面声明，对该法案中的 52 项条款提出异议，包括 8 项特别针对俄罗斯的条款中的 4 项。美国总统自 19 世纪以来就用发表声明的方式来表达他们对所签署的法案的保留意见，而他在这次所发表的书面声明中并没有就任何涉华条款表示异议。这就在一定程度上说明，特朗普政府在很大程度上会实施涉华条款，而对涉俄条款中的一半不予实施。②

令人忧虑的是，此次美国对华政策的调整并不是由于美国的战略焦虑，而是源于美国战略界整体对中国“美好期望”落空之后导致的深深失望。因为自从中美关系在尼克松时期解冻以来，美国对中国的政策就是建立在这样一种假设的基础之上的：只要美国支持中国的崛起，随着时间的推移，中国将变得越来越自由。当美国的决策者看到这样的假设已经被证明是错误的之后，他们便拼命地想要把中国在美国的影响往回推。在这个过程中，“作为这一打入美国楔子之薄刃”的孔子学院，正在成为美国这种努力首当其冲的目标。③

除了美国政府对中国的定位已经发生了根本变化之外，美国智库、学

---

① 吴敏文，“美国‘2019 财年国防授权法案’为何引人注目”，《中国青年报》2018 年 8 月 16 日第 12 版。

② Gregory Korte, “Trump criticizes some Russia provisions of defense bill, suggests in signing statement he may ignore them,” August 14, 2018, https://www.usatoday.com/story/news/politics/2018//08/14/trump-signing-statement-defense-bill-objects-russia-provisions/986692002/（上网时间：2018 年 8 月 15 日）。

③ John Pomfret, “The furor over the Confucius Institutes is distracting from real Chinese threats,” July 2, 2018, https://www.washingtonpost.com/news/global-opinions/wp/2018/07/02/the-furor-over-the-confucius-institutes-is-distracting-from-real-chinese-threats/?utm_term=.68451eacd9db（上网时间：2018 年 8 月 9 日）。

界、媒体和政界也抛出“锐实力”这一新概念，[1] 并以“锐实力”论框架为中心，对中国“发动了日趋猛烈的文化和意识形态攻势”。在这一波攻势中，美国的孔子学院就成为被“攻击的重点。”[2]

三、以马可·卢比奥为首的反华政客的作用

在任何具体外交政策的制定和执行过程中，最关键的因素就是人。以卢比奥为首的一批美国国会议员，成了攻击孔子学院的急先锋。他从多个层面入手，自2018年初以来，一直不遗余力地企图让美国的孔子学院全部关闭。

（一）卢比奥其人

卢比奥是来自佛罗里达州迈阿密市的古巴裔美国人，20世纪90年代开始从政，2000年当选为佛罗里达州众议院议员，于2006年11月担任州众议院议长。2008年离开州议会后，曾成立自己的律师事务所，并在佛罗里达国际大学任教。2010年首次当选为佛罗里达州联邦参议员，2016年成功连任联邦参议员。他曾参与2016年共和党总统候选人提名的角逐，但在自己所在的佛罗里达州被特朗普击败之后，于2016年3月15日放弃竞选。他是参议院外交关系委员会、情报委员会、拨款委员会成员，同时担任国会及行政部门中国问题委员会（CECC）主席。

就政治立场而言，卢比奥很保守。在2010年参与联邦参议员的竞选中曾获得茶党的大力支持。卢比奥、汤姆·考顿（Tom Cotton）和林赛·格雷厄姆（Lindsey Graham）被称为美国国会共和党议员中的“超级鹰

① 2017年11月，美国《外交事务》杂志刊发《锐实力的意义：威权国家如何投射影响力》一文，“锐实力”首次被正式提出并使用。随后，美国全国民主基金会（National Endowment for Democracy，NED）于2017年12月发布了一份研究报告，全称是《锐实力：崛起的威权主义影响》，参见：National Endowment for Democracy，“Sharp Power：Rising Authoritarian Influence，” Report，December 2017，available at：https：//www.ned.org/wp－content/uploads/2017/12/Sharp－Power－Rising－Authoritarian－Influence－Full－Report.pdf（上网时间：2019年10月16日）。

② 刘国柱：“‘锐实力’论与美国对华战略环境的转变”，《美国研究》2019年第2期，第88－106页。引用文字见第98页和103页。

派”（Ultrahawks）[①]。《美国保守派》（The American Conservative）杂志高级编辑丹尼尔·莱利森（Daniel Larison）曾对他们有如下评论：“他们中绝大多数习惯于对外交官持不信任的态度，而且把外交看作是浪费时间。”[②]像特朗普时代的其他野心勃勃的共和党人士一样，卢比奥正在试图打造一个与众不同的、带有浓厚个人色彩的形象，力图在共和党内开辟出属于自己的“影响圈子”。而大肆批评中国成了他达到目的的重要手段之一。[③]

作为参议院外交委员会成员之一，卢比奥长期以来试图以他在外交政策和国家安全方面的专业知识，使自己在国会的共和党议员中脱颖而出。在中国、俄罗斯和美国在世界舞台上的地位等问题上，卢比奥都支持共和党传统的鹰派观点。[④]在美国该如何对待中国这个问题上，卢比奥一点也不含糊，可以说是一个极端反华的政客。在 2015 年共和党初选期间，他在一次关于中国的演讲中，别有用心地把中国基本上定义为“对美国实力的极权主义威胁”，主张对中国在军力上的崛起进行反击，遏制中国的经济影响力。因此，有评论认为，他的这篇演讲反映了这样一个可能依然存在的事实：新保守主义在很大程度上依然处于共和党外交政策的核心。[⑤]

在美国国会的外交政策决策圈，一场“革命”正在静悄悄地发生。包括时任参议院外交关系委员会主席鲍勃·考克（Bob Corker）在内的最后一批支持“经过缜密思考的国际主义”（thoughtful internationalism）的共

---

① Jeet Heer, “America's Disappearing Foreign Policy,” The New Republic, April 2018, p. 5.

② Quoted in Jeet Heer, “America's Disappearing Foreign Policy,” The New Republic, April 2018, p. 5.

③ Sean Sullivan and John Wagner, “Rubio emerges as one of Trump administration's loudest critics on China,” May 23, 2018, https://www.washingtonpost.com/politics/rubio-emerges-as-one-of-trump-administrations-loudest-critics-on-china/2018/05/23/a8d09692-5db6-11e8-9ee3-49d6d4814c4c_story.html? utm_term=.4255a7c549f9（上网时间：2018 年 8 月 7 日）。

④ Sean Sullivan and John Wagner, “Rubio emerges as one of Trump administration's loudest critics on China,” May 23, 2018。亦可参见美国外交关系委员会（Council of Foreign Relations）网站上关于卢比奥对中国所持的立场：https://www.cfr.org/interactives/campaign2016/marco-rubio/on-china（上网时间：2018 年 8 月 14 日）。

⑤ Zack Beauchamp, “Maco Rubio's little-noticed China speech shows the GOP is still the party of neocons,” https://www.vox.com/2015/8/31/9233721/rubio-china（上网时间：2018 年 8 月 10 日）。关于新保守主义对美国外交的影响，参见：王联合，“论美国新保守主义及其外交影响，”《现代国际关系》，2003（4）：35-41；关于新保守主义对美国对华政策的影响，参见：孙景峰，“新保守主义与冷战后美国的对华政策，”《当代亚太》，2003（7）：33-36.

和党议员已经或正在渐行渐远。换句话说，这种“空心化”可能会对美国外交政策制定的方式进行“彻底的重塑”。①

作为“国会中最敢说的中国批评者之一”，卢比奥对孔子学院一直持公开批评态度。②在卢比奥狭隘的观念中，对美国来说，孔子学院就是对美国国家安全的威胁之一。因此，他建议把美国所有的孔子学院都关闭。③

（二）卢比奥采取的实际行动

在口头上批评孔子学院的同时，卢比奥还采取了很多相应的行动。具体表现在两个方面：其一，对孔子学院的美国合作大学施加压力，迫使它们终止与汉办的合作或者在很多方面进行改进；其二，不遗余力地推动国会尽快通过旨在限制孔子学院活动的法案或者在相关法案重新获得国会授权之前，修改相关条款，以达到迫使孔子学院关闭的目的④。

---

① Jeet Heer, “America's Disappearing Foreign Policy,” The New Republic, April 2018, pp. 4 – 5.

② Matthew Pennington, “Senate hearing to question goals of Confucius Institutes on U. S. college campuses,” June 6, 2018, Senate hearing to question goals of Confucius Institutes on U. S. college campuses (accessed July 2, 2018).

③ Mark Rubio, “Letter to the Chairman and Ranking Member of the Senate Health, Education, Labor, and Pensions Committee (Senators Lamar Alexander and Patty Murray respectively),” March 12, 2018, https://www.rubio.senate.gov/public/_cache/files/7201f447-d01d-42dd-8408-6c4d85cac434/90B5BF0C4271A3E7951EEFCFA20144D8.rubio-letter-to-help-re-confucius-institutes.pdf（上网时间：2018 年 8 月 10 日）。

④ 除了以卢比奥为首的一些参议员在对孔子学院不断发难以外，在众议院也有类似的众议员。其中，最有名的要算来自新泽西州的共和党众议员同时担任国会及行政部门中国问题委员会共同主席的克里斯托弗·H·史密斯（Christopher H. Smith）。他是美国国会的一名资深众议员，从 1981 年起就一直担任新泽西州第 4 选举区的众议员，长期以来一直在人权问题上对中国提出严厉批评。自 2014 年起，也一直致力于不断批评指责孔子学院。在 2014 年在 2017 年 12 月 13 日的一次听证会上的发言时，他提到美国政府问责局（Government Accountability Office, GAO）正在对孔子学院进行调查，而且他也给美国所有和中国政府合作运作孔子学院的大学写信，要求这些大学公开它们和中国签署的合作协议，并接受公众的监督。参见：Christopher H. Smith's statement at the CECC hearing on “The Long Arm of China: Exporting Authoritarianism with Chinese Characteristics,” December 13, 2017, https://www.cecc.gov/sites/chinacommission.house.gov/files/CECC%20Hearing%20-%2013%20Dec%202017%20-%20Long%20Arm%20of%20China%20-%20Cochairman%20Smith.pdf（上网时间：2018 年 8 月 16 日）。此外，据称，他已经委托美国国会问责局对孔子学院做一项研究，以收集资料对他关闭孔子学院的呼吁给予支持。参见：Josh Rogin, “Waking up to China's infiltration of American colleges,” February 18, 2018, https://www.washingtonpost.com/opinions/global-opinions/waking-up-to-chinas-infiltration-of-american-colleges/2018/02/18/99d3bee8-13f7-11e8-9570-29c9830535e5_story.html?utm_term=.c51874e2c745（上网时间：2018 年 8 月 10 日）。

1. 给佛罗里达州的孔子学院施压

首先，2018年2月初，卢比奥写了封公开信，并把信寄给了佛罗里达州4所大学（北佛罗里达大学、西佛罗里达大学、南佛罗里达大学、迈阿密戴德学院）和1所高中（塞普莱斯湾高中），敦促这5所学校关闭孔子学院。[①] 他的这种施压，可以说直接导致了北佛罗里达大学的相关决定。2018年8月14日，北佛罗里达大学发表声明说，检视过去4年获孔子学院赞助的课程和活动，以及学校使命及目标比较，校方认为两者并不相符，决定于2019年2月关闭孔子学院。《环球时报》社评作者也认为，“该大学显然是在美国联邦参议员卢比奥等今年以来反复警告的压力下做出上述决定的”。[②] 因为据《佛罗里达时代联合报》报道，北佛罗里达大学校长约翰·德兰尼（John Delaney）在卢比奥的公开信发表之后表示，到目前为止，该校的孔子学院运作并没有接到任何投诉，他认为没有理由停止这一合作项目。值得一提的是，他当时还质问卢比奥和其他一些批评者，“是否真的认为孔子学院在招募‘间谍’”。他表示，外国教师不谈论政治是一件很平常的事情，“他们不一定会批评他们的国家，但你或许会对他们国家的文化有

---

① 参见：Mark Rubio, “Letter to the Chairman and Ranking Member of the Senate Health, Education, Labor, and Pensions Committee (Senators Lamar Alexander and Patty Murray respectively),” March 12, 2018, https://www.rubio.senate.gov/public/_cache/files/7201f447-d01d-42dd-8408-6c4d85cac434/90B5BF0C4271A3E7951EEFCFA20144D8.rubio-letter-to-help-re-confucius-institutes.pdf（上网时间：2018年8月10日）。中文参见：张晨静，“美参议员炒作‘中国锐实力’敦促美大学关闭孔子学院，”2018年2月8日，https://www.guancha.cn/internation/2018_02_08_446318.shtml（上网时间：2018年8月11日）。卢比奥这封公开信是共和党参议员在2018年给位于他们所代表的州的大学第二次写信，要求它们拒绝和中国政府有联系的资金支持。在2018年1月来自得克萨斯州的参议员泰德·克鲁兹就曾给得克萨斯大学奥斯汀分校的校长写信，劝他不要接受来自位于香港的一个基金会的资金支持，以成立一个新的中国公共政策中心，因为他对该基金会和中国共产党有联系而感到担忧。该校校长格雷格·芬维兹（Greg Fenves）在给克鲁兹的回信中表示，在收到他的信之前，他已经作出了不接受这笔资金的决定。参见：Elizabeth Redden, “More Scrutiny for Confucius Institutes; One to Close,” February 6, 2018, https://www.insidehighered.com/quicktakes/2018/02/06/more-scrutiny-confucius-institutes-one-close（上网时间：2018年6月30日）。2019年7月24日，美国密苏里州联邦参议员乔什·霍利（Josh Hawley）也致信韦伯斯特大学孔子学院，要求关停该孔院。该信全文参见：https://www.hawley.senate.gov/sites/default/files/2019-07/Hawley-Letter-Webster-University-Confucius-Institute.pdf（上网时间：2019年10月16日）。

② “社评：刁难孔子学院，美国的警惕性爆表了”，2018年8月16日，http://opinion.huanqiu.com/editorial/2018-08/12738061.html（上网时间：2018年8月16日）。

一些了解”。[①] 卢比奥8月14日下午发推特对北佛罗里达大学的决定给予肯定和赞扬，同时表示将继续敦促佛罗里达州的其他大学效仿北佛罗里达大学的做法。[②] 2019年9月初，佛罗里达州最后一所孔子学院迈阿密戴德学院孔子学院宣布将于学期结束后关闭，原因也是受到来自多方面的压力。[③]

其次，在听证会等场合，卢比奥频频发表对孔子学院的负面评价，反复强调孔子学院没有在美国存在的必要。例如，在2017年12月13日美国国会及行政当局中国委员会的一场听证会前的发言中，卢比奥居心叵测地提到孔子学院的“扩散”（proliferation）和与之而来的对学术自由的“阴险的压制”是“一大忧虑”。[④]

2. 努力推动旨在限制孔子学院的相关法案获得通过

首先，卢比奥主张对《高等教育法案》进行修改，把接受外国的资金上报门槛从25万美元降低到5万美元，并且把以实物偿付的赠送品和服务的合理市场价值也计算在内。特别是这后面一点，很明显就是针对孔子学院的。众所周知，每一所孔子学院每年都从中国政府获得教材和相关书籍，以及工资由中国政府支付的汉语教师，如果计算这些物品和服务的合理市场价值的话，肯定会超过这一门槛。

其次，他想要美国的大学在获得联邦资金支持和获得中国政府资金支持之间做出选择。他认为“把关闭孔子学院作为获得联邦资金的一部分的

---

① 张晨静，“美参议员炒作“中国锐实力”敦促美大学关闭孔子学院”，2018年2月8日，http：//m. sohu. com/news/a/221638553_115479（上网时间：2018年8月16日）。

② 参见：“Confucius Institute closed at US university amid concerns about Chinese influence on campuses,” August 15，2018，https：//www. scmp. com/news/world/united - states - canada/article/2159888/confucius - institute - closed - us - university - amid（上网时间：2018年8月16日）。

③ 据《迈阿密先驱报》报道，该孔子学院的关闭是“迫于政治压力（under political pressure）”。卢比奥赞扬迈阿密戴德学院的这一决定。“你做出了正确的决定，”卢比奥在推特上告诉迈阿密戴德学院的领导。参见：Colleen Wright，“Miami Dade College shuts down Confucius Institute,” https：//www. miamiherald. com/news/local/education/article234790282. html（上网时间：2019年10月18日）。

④ Mark Rubio's statement at the CECC hearing on “The Long Arm of China：Exporting Authoritarianism with Chinese Characteristics,” December 13，2017，https：//www. cecc. gov/sites/chinacommission. house. gov/files/CECC%20Hearing%20 - %2013%20Dec%202017%20 - %20Long%20Arm%20of%20China%20 - %20Chairman%20Rubio. pdf（上网时间：2018年8月16日）。

条件，（将）是朝着限制中国在大学校园（造成）有害影响迈出的重要一步”。①

卢比奥等人的努力在立法层面取得所谓的“成果”。“2019 财政年度国防授权法案”第 1091 条的 b 小节明确规定“本法案授权拨款的任何资金或以其他方式提供给国防部的资金，均不得用于承担或支付孔子学院所在的高等教育机构的汉语项目”。除非这些高等教育机构的豁免申请被批准。结果就是，这一限令的实施，直接导致美国至少 5 所孔院于 2019 年 5 月 31 日前相继关闭，包括旧金山州立大学、俄勒冈大学、西肯塔基大学、亚利桑那州立大学和夏威夷大学马诺分校。

第三，他和来自亚利桑那州的参议员汤姆·卡顿以及来自南卡罗莱纳州的众议员乔·威尔逊于 2018 年 3 月 21 日共同提交了《外国影响力透明法案》。该法案一旦获得通过，像孔子学院这样的机构，就需要按照《外国代理人登记法案》进行登记。此外，前述卢比奥修改《高等教育法案》的主张也在法案中体现出来，提议相关大学公开从外国收受的 5 万美金以

① Mark Rubio, “Letter to the Chairman and Ranking Member of the Senate Health, Education, Labor, and Pensions Committee (Senators Lamar Alexander and Patty Murray respectively),” March 12, 2018, https://www.rubio.senate.gov/public/_cache/files/7201f447-d01d-42dd-8408-6c4d85cac434/90B5BF0C4271A3E7951EEFCFA20144D8.rubio-letter-to-help-re-confucius-institutes.pdf（上网时间：2018 年 8 月 10 日）。他的这些观点很明显是受到了美国国家学者联合会的研究项目主管拉谢尔·彼得森（Rachelle Peterson）的影响。拉谢尔·彼得森自称对孔子学院曾经做了长达一年半的研究。她于 2018 年 2 月 22 日在美国《国会山报》的网站上发表了一篇题为《让有害的中国孔子学院滚出美国校园》的文章。参见：Rachelle Peterson, “Get China’s Pernicious Confucius Institutes out of US colleges,” February 22, 2018, http://thehill.com/opinion/education/375092-get-chinas-pernicious-confucius-institutes-out-of-us-colleges（上网时间：2018 年 8 月 10 日）。卢比奥在推特上转发了这篇文章，参见：徐常铎，“利用与提防：美国中国问题上的矛盾心理”，《中美印象》第 160 期，http://www.aisixiang.com/data/108776.html（上网时间：2018 年 8 月 12 日）。在 2017 年 4 月发布的、由她执笔的长篇报告《外包到中国：孔子学院和美国高等教育中的软实力》中，她建议美国所有的大学关闭孔子学院。Rachelle Peterson, “Outsourced to China: Confucius Institutes and Soft Power in American Higher Education”, New York: National Association of Scholars, 2017, p. 148. 报告全文下载地址：https://www.nas.org/images/documents/confucius_institutes/NAS_confuciusInstitutes.pdf（上网时间：2018 年 8 月 10 日）。卢比奥所提的两点建议正是彼得森在《国会山报》网站上刊发的文章中所提的六条建议中的第一条和第二条，而且他在 3 月 12 日写给参议院卫生，教育，劳工和退休金委员会主席等的信中，还引用了彼得森在《国会山报》网站上所发文章提到的数据。参见卢比奥公开信的第三个注释。

上的馈赠。①

四、结语

孔子学院自2004年诞生以来，已经进入第17个年头，在全球也取得丰硕的成果，在美国的孔子学院也不例外。但是，很多因素导致近10年来对孔子学院的批评和质疑之声渐强，特别是进入2018年以来，孔子学院受到美国国会的关注，孔子学院正面临多项无端指责②。

孔子学院受到美国国会关注背后的原因，一方面是美国部分政客为了回应美国白人的关切，这在一定程度上和白人身份政治的兴起是分不开的；另一方面，美国对中国的定位发生了根本改变，反映了美国政策制定者们对中国的防范和戒心越来越强，开始担忧中国不断增加的政治影响力。特朗普2018年8月签署的《2019财年国防授权法案》的相关限制规定，办了孔子学院的大学必须在继续接受国防部的资金支持还是关闭孔子学院之间做出选择（除非获得豁免），这就让孔子学院在美国本就十分艰难的开办环境雪上加霜。③这在一定程度上也可以看作是卢比奥等议员的关于"把关闭孔子学院作为获得联邦资金的一部分的条件"的主张在立法层面取得的第一个"胜利"。此外，在美国战略界和学界关于美国对华政策大辩论之后，主张对华友好的决策者和学者的声音得到进一步压制，而主张对华强硬的声音再次成为美国对华政策制定的主导。在一定程度上，这

---

① "Rubio, Cotton, Wilson Introduce the Foreign Influence Transparency Act," March 21, 2018, https://www.rubio.senate.gov/public/index.cfm/press-releases?ID=255842AD-B4DC-4D60-91D7-BFA3DEE91C6C（上网时间：2018年8月11日）。这里需要指出的是，该法案和前文提到的由乔·威尔逊提交的法案尽管内容相似，但实际上是两个不同的法案。威尔逊的法案是提交给众议院的司法委员会以及众议院的教育和劳动力委员会，编号为H.R.5336。参见：https://www.congress.gov/bill/115th-congress/house-bill/5336。卢比奥的法案是提交给参议院的外交关系委员会，编号为S.2583. 参见：https://www.congress.gov/bill/115th-congress/senate-bill/2583/text。

② Elizabeth Redden, "Closing a Confucius Institute, at Congressman's Request," April 9, 2018, https://www.insidehighered.com/news/2018/04/09/texas-am-cuts-ties-confucius-institutes-response-congressmens-concerns（上网时间：2018年8月1日）。

③ "社评：刁难孔子学院，美国的警惕性爆表了"，2018年8月16日，http://opinion.huanqiu.com/editorial/2018-08/12738061.html（上网时间：2018年8月16日）。

是美国冷战后新保守主义者在美国外交政策领域中的一次“胜利”。而新保守主义对华强硬的主张，在这一届美国国会中已经为不少有影响力的参议员所接受。其中，卢比奥是其中的急先锋，也是这次美国国会针对孔子学院的批评和质疑浪潮的主要推手，是美国国内把孔子学院“政治化”的始作俑者。

鉴于卢比奥极其反共和反华的政治立场，他和其他几位在孔子学院问题上“志同道合”的国会议员可能已经给孔子学院在美国的正常工作带来很大干扰，对这一点我们应该有所重视。卢比奥正在美国主流媒体及国会的听证会等场合别有用心地渲染孔子学院是中国政府扩大其在美国影响力特别是学术机构的影响力的工具，妄称孔子学院给美国国家安全带来的所谓“威胁”，以各种方式要求孔子学院的美方大学停止和汉办的合作，还试图通过立法来限制乃至全面禁止孔子学院在美国开展活动。

在目前中美关系有可能进一步走低的背景下，有必要主动暂停和新的美国大学或中小学就合作成立孔子学院或孔子课堂的洽谈工作，并且对目前正常运作的孔子学院或孔子课堂进行全面的评估，并在评估的基础上，采取相应的措施提前应对。